장자

자연 속에서 찾은 자유의 세계

청소년 철학창고 04
장자 자연 속에서 찾은 자유의 세계

초판 1쇄 발행 2005년 6월 10일 | 초판 16쇄 발행 2024년 7월 31일

풀어쓴이 조수형
펴낸이 홍석 | 이사 홍성우 | 기획 채희석
인문편집부장 박월 | 편집 박주혜·조준태 | 표지 디자인 황종환 | 본문 디자인 서은경
마케팅 이송희·김민경 | 제작 홍보람 | 관리 최우리·정원경·조영행
펴낸곳 도서출판 풀빛 | 등록 1979년 3월 6일 제2021-000055호
주소 07547 서울시 강서구 양천로 583 우림블루나인 A동 21층 2110호
전화 02-363-5995(영업), 02-364-0844(편집) | 팩스 070-4275-0445
홈페이지 www.pulbit.co.kr | 전자우편 inmun@pulbit.co.kr

ISBN 978-89-7474-530-1 44150
ISBN 978-89-7474-526-4 44080 (세트)

이 도서의 국립중앙도서관 출판예정도서목록(CIP)은 서지정보유통지원시스템 홈페이지(http://seoji.nl.go.kr)와
국가자료공동목록시스템(http://www.nl.go.kr/kolisnet)에서 이용하실 수 있습니다. (CIP제어번호: CIP2005001054)

장자

자연 속에서 찾은 자유의 세계

장자 지음 | 조수형 풀어씀

'청소년 철학창고'를 펴내며

우리 청소년이 읽을 만한 좋은 책은 없을까? 많은 분들이 이런 고민을 하셨을 겁니다. 그러면서 흔히들 고전을 읽어야 한다고 합니다. 하지만 서점에 가서 책을 골라 보신 분들은 느꼈을 겁니다. '청소년의 지적 수준에 맞춰서 읽힐 만한 고전이 이렇게도 없는가.'라고.

고전 선택의 또 다른 어려움은 고전의 범위가 매우 넓다는 것입니다. 청소년 시기에는 시간과 능력의 한계 때문에 그 많은 고전들을 모두 읽을 수 없습니다. 그렇다면 어떤 책을 읽어야 할까요?

이런 여러 현실적인 어려움을 고려해 기획한 것이 풀빛 '청소년 철학창고'입니다. '청소년 철학창고'는 고전의 핵심이라 할 수 있는 '철학'에 더 많은 무게를 실었습니다. 그 이유는 무엇일까요?

사람들은 일반적으로 철학을 현실과 동떨어진 공리공담이나 펼치는 학문이라고 생각합니다. 하지만 철학적 사고의 핵심은 사물과 현상을 다양하게 분석하고 종합해서 그 원칙이나 원리를 찾아내는 것입니다. 그래서 철학은 인간과 세상에 대해 깊이 있게 생각하고, 논리적으로 종합하는 능력을 키워 줍니다. 그런 만큼 세상과 인간에 대해 눈떠 가는 청소년 시기에 정말로 필요한 공부입니다.

하지만 모든 고전이 그렇듯이 철학 고전 또한 읽기가 쉽지 않습니다. 그래서 '청소년 철학창고'는 청소년의 눈높이에 맞추기 위해 선정에서부터 원문 구성에 이르기까지 많은 노력을 기울였습니다.

첫째, 책을 선정하는 과정에서부터 엄격함을 유지했습니다. 동양·서양·한국 철학 전공자들이 많은 회의 과정을 거쳐, 각 시대마다 동서양과 한국을 대표하는 철학 고전들을 엄선했습니다. 특히 우리 선조들의 사상과 동시대 동서양의 사상들을 주체적인 입장에서 비교하고 검토할 수 있도록 했습니다.

둘째, 고전 읽기의 참다운 맛을 살리기 위해 최대한 원문을 중심으로 구성했습니다. 물론 원문 읽기의 어려움을 해결하기 위해 새롭게 번역하고 재정리했습니다. 그리고 청소년이라면 누구나 어렵지 않게 읽으면서 고전이 주는 의미와 내용을 이해할 수 있도록 설명을 덧붙였고, 전체 해설을 통해 저자의 사상과 전체 내용을 다시 한번 정리해 주었습니다.

마지막으로 쉬운 것부터 읽기 시작해 점차 사고의 폭을 넓혀 가도록 난이도에 따라 세 단계로 구분했습니다. 물론 단계와 상관없이 읽고 싶은 순서대로 읽어도 됩니다.

우리 선정위원들은 고전 읽기의 진정한 의미가 '옛것을 되살려 오늘을 새롭게 한다(溫故知新).'는 데 있다고 생각합니다. '청소년 철학창고'를 통해 자라나는 청소년들이 인간과 사물에 대한 깊은 통찰력을 키워, 밝은 미래를 열어 나갈 수 있기를 진정으로 바랍니다.

2005년 2월

선정위원   허우성(경희대 교수, 동양 철학)   윤찬원(인천대 교수, 동양 철학)
           정영근(서울산업대 교수, 한국 철학)   허남진(서울대 교수, 한국 철학)
           이남인(서울대 교수, 서양 철학)   한자경(이화여대 교수, 서양 철학)

들어가는 말

《장자》를 읽음으로써 장자를 알아 가는 일이 내게는 너무나 큰 즐거움이다. 학창 시절에 중국 사상사 강의를 통해 도가(道家) 사상을 소개 받았을 때만 해도, 《장자》는 중국의 여러 고전들 가운데 하나일 뿐이었다. 하지만 졸업한 뒤 교단에 서면서 학생들에게 좀 더 의미 있는 지식을 전할 생각으로 다시 만난 《장자》는 그간 내가 막연하게 알고 있었던 지식이 아니라 전혀 새로운 경지였고, 체험이었다.

정해진 틀에서 구워 낸 붕어빵처럼 획일적인 교훈이 아니었으며, 섣부른 판단과 욕심만으로 도달할 수 있는 경지는 더욱 아니었다. 장자의 표현을 빌린다면 그의 사상은 '의지도 없고 목적도 없으며, 인위적으로 만들어 내는 일도 없는 것'이었다. 오로지 자연스러움과 통할 뿐이었다. 따라서 흘깃 보면 무질서해 보이나 알면 알수록 근본을 이야기하면서, 통 넓게 생각하도록 만드는 것이 장자의 사상이다.

《장자》는 또한 '고전 아닌 고전'이요, '길 아닌 길'이다. 다른 고전에서 흔히 보이는 정신 계몽이나 문명 개발에 관한 교훈적인 내용이 《장자》에는 들어 있지 않다. 하지만 우주 만물이 조화롭게 살 수 있는 근본을 일깨워 주므로 고전이라 할 수 있다. 나아갈 방향을 가리켜 주는 이정표가 없어 길이 아닌 듯하나, 자연의 흐름에 닿는 통로가 되어 주기에 진정한 길이다. 그래서 장자를 알면 알수록, 《장자》를 읽으면 읽을수록 눈길이 시원하게 열리며, 생각이 막힘 없이 힘차게 내닫게 된다.

여느 고전과 구별되는 《장자》만의 또 다른 특징은 내용의 대부분이 우언 (寓言)으로 쓰여졌다는 점이다. 우언은 '우화(寓話)로 이야기한다.'는 뜻이다. 장자가 선택한 표현 방식인 우언은 다양한 은유와 풍자, 비유와 의인화 등을 통해 사람들이 편의상 만들어 놓은 형식을 뛰어넘어 자연에서 노니는 해방감을 맛볼 수 있게 한다. 인간 외의 사물에 인간의 감정을 부여하여, 사람과 똑같이 행동하게 함으로써 교훈을 주고자 하는 의도로 사용되는 우화는 대개 인간의 한계를 조롱하고 풍자하려는 것이 그 목적이다.

그래서 이 책을 엮을 때 이 같은 점을 가장 먼저 고려했다. 자신의 생각을 이해시키기 위해 우언을 선택한 장자와, 우화를 통해 쉽고 편안하게 장자의 사상에 접근해 보겠다는 독자의 의도가 잘 어우러질 것이라고 기대하며 60개의 우화와 그 해설을 구상했다.

속세의 짐을 벗고 자연과 더불어 마음 공부를 하려는 사람들에게 《장자》는 속세에서 달구어진 열기를 식혀 줄 한 줄기 시원한 바람이다. 문장을 더듬어 가며, 사색을 통해 목표에 도달하려는 세상 공부에서는 도저히 맛볼 수 없는 그런 신바람이다.

자, 이제부터 사람의 내음보다 자연의 내음이 물씬 풍기는 《장자》의 세계에 편안하게 젖어들어 보자.

2005년 5월

조수형

| 일러두기 |

1. 이 책은 《장자》의 맛을 최대한 살리기 위해 우의(寓意)적 성격이 뚜렷한 글들을 중심으로
   60개의 이야기를 추린 것이다.
2. 우화의 자유분방함을 최대한 살리고자 직역보다는 의역을 택했다.
3. 한자로 된 원문은 너무 전문적이고 어려워서 자연스러운 흐름을 끊을 수 있다고 판단되
   어 생략했다.
4. 전체 구성은 자연스럽게 장자와 친해지도록 하기 위해 순서만 원문을 따랐을 뿐 형식적
   배열은 임의로 구성했다.

1

내편(內篇)

어느 날, 장자는 꿈속에서 나비가 되었다. 훨훨 날갯짓을 하며 창공을 기분 좋게 날아다니느라 미처 자신이 장자라는 사실을 알아차리지 못했다. 그러다 홀연히 잠에서 깨고 보니 자신으로 돌아와 있었다. 이윽고 장자는 기괴한 생각에 잠겼다. 내가 꿈속에서 나비가 된 것일까, 아니면 나비의 꿈속에 내가 있었던 것일까. 하지만 사람들은 장자와 나비를 분명히 구별해서 장자가 나비가 되고, 나비가 장자가 되는 것을 물(物)의 변화라고 말한다.

I. 내편(內篇)

제1화 곤이 붕으로

북쪽 끝 바다 검푸른 곳에 수천 리에 달할 만큼 거대한 곤(鯤)이라는 이름의 물고기가 있었다. 어느 날 홀연히 이 물고기가 붕(鵬)이라는 이름의 새로 변했는데, 그 크기 역시 수천 리에 달했다. 붕이 힘껏 날아오르면 활짝 펴진 날개가 마치 하늘에 드리워진 구름 같았다. 이 새는 풍랑이 일면 천지(天池, 하늘의 연못, 혹은 하늘만큼 큰 연못)라는 이름의 남쪽 바다로 날아가려 한다.

매미나 비둘기는 붕을 비웃으며 이렇게 말했다.

"우리는 있는 힘을 다해 날아올라도 느릅나무나 박달나무 가지에 이르는 것이 고작이다. 그러나 때로는 이것조차 불가능해 땅바닥에 곤두박질치기도 한다. 한데 붕은 무엇 때문에 구만 리나 날아서 남쪽으로 가려 하는가?"

가까운 교외의 들판에 나가는 사람은 세끼만 준비해도 온종일 배부를 수 있지만, 백릿길을 가는 사람은 전날부터 방아를 찧어 식량을 준비해야 하고, 천릿길을 가는 사람은 석 달 전부터 식량을 준비해야 한다. 하지만 이 두 미물이야 큰일에 대처하는 요령을 어찌 알겠는가.

〈소요유(逍遙遊)〉

곤은 본래 작은 물고기의 이름인데 장자는 큰 물고기의 이름으로 썼다. 즉, 알에서 막 깨어난 작은 물고기를 비할 데 없이 크다고 한 것이다. 그렇다면 장자의 의도는 무엇인가?

장자는 사람들의 생각에 자리잡고 있는 편견을 깨우쳐 주려 했던 것이다. 또한 크고 강한 것만을 좋아하며, 작고 약한 것을 함부로 대하는 인간의 이기적이고 권위적인 태도에 대한 꾸짖음도 담겨 있다.

한 번의 날갯짓으로 구만 리 먼 하늘을 날아올라 남쪽 바다 끝에 도달하는 붕(전설상의 신령한 새로, 여기서는 큰 새를 가리킴)의 존재는 자유로운 사고를 상징한다. 사물에 대한 편견을 버리고 함부로 규정하려 들지 않는다면, 우리 또한 곤과 붕처럼 모든 존재와 더불어 한껏 자유로울 수 있다.

인간의 좁은 속을 지적하기 위해 장자는 매미와 비둘기를 등장시켰는데, 이들은 자신의 무지와 무력함을 알지 못하고 도리어 위대한 존재를 비웃는 무리다. 곤이나 붕의 행적에 비하면 매미와 비둘기의 움직임은 아주 작을 뿐이다. 굳이 비교하자면 그렇다는 말이다. 각자의 특성을 존중하고 자신의 처지에 맞춰 살면 생김새나 행동을 문제 삼아 비웃을 일도 없고 비웃음을 당할 일도 없다. 따지고 보면 매미와 비둘기도 곤이나 붕처럼 알에서 태어났다. 성장한 뒤에 나타난 겉모습에 비해 본질은 별 차이가 없다고 할 수 있다.

사람을 포함한 모든 존재는 생김새, 능력, 습관 등이 모두 다르다. 이로 말미암아 나타나는 행동 또한 다르다. 하지만 다르다는 것이 곧 서열이 되는 것은 아니다. 비교를 통해 우열을 나누고 서열을 정하기 위해서는 기준이 있어야 하지만, 주어진 수명대로 살아가는 자연계의 존재들에게 우열과 서열의 편가름이란 처음부터 없었다. 그럼에도 이기적인 기준으로 순서를 정하고 우열을 매긴다면 자신의 처지를 잊은 채 붕을 흉보는 매미나 비둘기와 다를 바가 없다.

나를 긍정하고 남을 배려하며, 모든 생명에게 주어진 임무와 처지를 이해하려는 자세야말로 삶을 멀리 내다보고 큰 걸음으로 내딛는 자유인의 모습이라는 사실을 이 글은 일깨워 주고 있다.

제2화 허유와 접여의 삶의 태도

요(堯)임금은 허유(許由)에게 천하를 물려줄 뜻을 전했다. 이를 들은 허유는 이렇게 말했다.

"임금께서 천하를 잘 다스리고 있는데, 제가 그 자리에 앉는다면 그것은 한낱 명예를 좇는 일에 불과합니다. 명예라는 것은 허울일 따름입니다. 천자께서 그리 말씀하시는 것은 저더러 허울을 좇아 살라는 말씀과 다를 바 없습니다. 숲속에 둥지를 튼 뱁새에게 필요한 것은 숲 전체가 아니라 나뭇가지 하나이며, 두더지는 황하의 물을 마실 때 강물 전체가 아니라 자기 배를 채울 만큼만 마십니다. 임금이시여, 이제는 그만 돌아가십시오. 나는 천하를 가지고 할 일이 아무것도 없습니다. 제사 때 숙수(熟手, 잔치 등 큰 행사에서 음식을 만드는 사람)가 음식을 제대로 못 만든다고 해서 시축(尸祝)[1]이 숙수 일을 대신하지는 않는 법입니다."

견오(肩吾)가 연숙(連叔)에게 접여(接輿)에게서 들은 이야기를 전했다.

"접여의 말은 너무 거창해서 사리에 맞지 않는 데다가 헛되고 황당하기조차 했습니다. 때문에 듣고 있던 나는 두려웠습니다. 은하수처럼 끝이 없었고, 인간 세상과는 아득히 먼 이야기였습니다."

연숙이 재우쳐 물었다.

"도대체 무슨 이야기를 들으셨기에 그러십니까?"

"막고야(莫苦射, 전설 속의 산. 바닷속에 있으며 신인이 사는 곳) 산에 사는

---

1) 시(尸)는 제사 때 신 위에 앉히는 아이를 말하고, 축(祝)은 축문을 읽는 제관을 뜻한다. 여기서는 허유가 신의 세계에 속하는 인간으로서 자신을 표현한 것이다.

신인(神人)에 관한 이야기였습니다. 그가 말하기를, 그 신인은 살갗이 눈처럼 희고 어린아이처럼 부드럽다고 합니다. 곡식 대신 바람과 이슬을 마시며, 구름을 타고 비룡을 부리면서 사해의 밖에서까지 노닌다고도 했습니다. 게다가 그가 기운을 모으면 만물이 건강히 잘 자라고 풍년이 든다고 합니다. 나는 미치광이의 말이라고 여겨 믿지 않았습니다."

그 말을 듣고 연숙이 말했다.

"그런 생각이 들 수도 있겠지요. 눈먼 사람은 형태를 보지 못하고, 귀머거리는 소리를 듣지 못합니다. 육체뿐 아니라 그대처럼 마음으로 받아들이는 데도 이와 같은 장애는 있게 마련입니다. 내가 알기로는 그 신인은 모든 만물을 자연의 이치에 맞게 바로잡으려고 합니다. 세상은 그가 다스려 주기를 바라고 있으나, 불멸의 존재이며, 무한한 능력을 갖춘 그가 무엇 때문에 세상 일로 자신의 마음과 몸을 피곤하게 만들겠습니까?"

〈소요유(逍遙遊)〉

두 이야기를 언뜻 보면 연관성을 찾기가 어렵다. 하지만 허유를 신의 세계에 속한 존재로 보고, 견오와 연숙이 신인에 대해 언급하고 있다는 사실을 생각하면 두 이야기 사이의 연관성과 나타내고자 하는 뜻이 분명하게 드러난다. 두 이야기는 모두 인간의 짧은 생각이 만들어 낸 속세의 부귀영화에 매달리기보다, 자연을 벗삼아 유유자적(悠悠自適)하게 노니는 신인의 경지를 동경하는 내용이다.

허유는 맑고 곧은 처세로 바람처럼 자유롭게 살아가는 은자(隱者, 속세를 피해 자연에 묻혀 사는 사람)였다. 자연을 벗삼아 분수를 지키며 만족할 줄 아는 안분지족(安分知足)의 삶을 누리는 그에게 어느 날 성군(聖君)인 요임금이 찾아와 보통 사람이라면 귀가 솔깃해질 만한 제안을 한다. 왕위를 물려주겠다는 것이다. 하늘과 백성의 뜻을 좇아 평화롭게 왕위를 물려주고자 했던 요임금 생각에는 지혜와 덕망을 갖추고 욕심 없는 삶을 살아가는 허유야말로 자신을 대신할 적당한 사람이었다.

하지만 허유의 생각은 요임금과 달랐다. 우주 만물은 생길 때부터 각각의 쓰임과 처지가 정해져 있어서, 이에 순응하는 것이 옳다고 생각했다. 허유는 또한 자신의 능력과 처지를 잊은 채 무리한 욕심을 갖는 것은 자신의 생각이 아닌 남의 생각을 빌려서 사는 것이라고 여겼다. 뱁새에게는 편히 쉴 수 있는 나뭇가지 하나가, 두더지에게는 목마름을 가셔 줄 한 모금의 물이, 그리고 허유 자신에게는 무엇에도 구속되지 않고 홀연히 자유로울 수 있는 자연의 삶이면 충분했던 것이다.

그리고 다음 이야기에서 장자는 견오를 지식은 높으나 덕이 부족한 인물로, 연숙은 자연의 이치에 순응하는 덕을 갖춘 인물로 묘사

했다. 접여는 공자와 같은 시대의 은자로 알려져 있다. 이들과 함께 막고야 산에 사는 신인을 등장시킨 까닭은 장자가 추구하고자 한 완벽한 덕을 깨우쳐 주려는 이유에서다.

부귀와 명예를 좇는 사람들에게는 요임금과 순임금만 한 인물이 없다. 하지만 쌀겨로도 능히 요임금과 순임금을 만들어 낼 수 있다는 신인에게는 허유의 경우에서처럼 두 임금의 훌륭한 정치조차도 하찮으며 관심 밖의 일인 것이다. 자연을 벗삼아 구름 속을 노닐며 비할 데 없는 자유를 누리는 신인에게 복잡한 인간사가 무슨 의미가 있겠는가.

속세에 대한 지나친 집착은 자유로운 삶을 방해할 뿐이다. 창공을 유유히 날아다니는 새일지라도 힘에 부치는 거리나, 감당하기 힘든 무게는 추락만 재촉할 뿐이다. 자유의 당당함은 각자의 분수를 깨닫고 욕심을 덜어 낼 때 비로소 생긴다.

.

제3화 혜자의 박

장자가 길을 가다 혜자(惠子)를 만났다. 혜자가 먼저 반가워하며 말을 걸어 왔다.

"위(魏)나라 왕에게서 받은 박씨를 심었더니 열매가 열렸는데, 그

크기가 자그마치 다섯 석(石)에 달하였습니다. 크기가 이렇다 보니 마실 물을 담아도 너무 무거워서 들 수가 없었습니다. 궁리 끝에 박을 둘로 쪼개 표주박을 만들었습니다. 하지만 갈라진 표주박도 바닥이 너무 얕아 제 구실을 못할 것 같아 홧김에 부숴 버렸습니다."

혜자의 말을 듣고 난 뒤 장자는 차분한 어조로 이렇게 말했다.

"그대는 사물의 진가를 알아보는 눈이 부족하군요. 송(宋)나라 사람 가운데 손이 트는 것을 막아 주는 약을 만들어 대대로 솜을 물에 빠는 일을 가업으로 이어 온 상인이 있었습니다. 어느 날 한 모사(謀士. 계책을 세우는 사람)가 찾아와 그에게 약 제조법을 백금에 팔라고 제안했습니다. 뜻밖의 제안을 받은 상인은 가족을 모아 놓고 이야기를 했습니다. 설명을 들은 가족들은 제안을 받아들이기로 의견을 모았습니다.

약 제조법을 손에 넣은 모사는 월(越)나라와 전쟁을 하고 있는 오(吳)나라의 왕에게 달려가 싸움에 이 약을 이용하라고 설득했습니다. 모사의 제안을 받아들인 오나라는 수중전에서 이 약을 사용해서 군사들의 손을 트지 않게 함으로써 월나라를 크게 물리쳤습니다. 대승을 거두고 크게 만족한 오왕은 모사에게 영토의 일부를 내 주고 제후로 봉하였습니다.

이처럼 비방은 하나지만 쓰임에 따라 사람의 운명이 좌우되기도 합니다. 다섯 석짜리 큰 박을 배로 만들어 강이나 호수에 띄울 생각

은 하지 않고, 평평하여 소용이 닿지 않는다고 부쉈다니, 그대의 옹
졸한 행동이 안타까울 따름입니다."

〈소요유(逍遙遊)〉

같은 물건이라도 보는 눈과 쓰임에 따라 가치는 달라진다. 시야가
좁고 마음이 옹졸한 사람은 사물이 지닌 참된 가치를 제대로 깨닫지
못한다. 반면 시야에 막힘이 없고 마음이 열려 있는 사람은 사물에
깃든 본성을 있는 그대로 받아들여 그것을 최대한 이용한다. 혜자는
박이 너무 커서 인위적인 쓰임새에 맞지 않는다고 버렸으나, 장자는
박을 강이나 호수에 띄우는 배로 쓰려고 했다.
　손이 트지 않는 약의 제조법도 그 가치를 모르는 상인에게는 백금
만을 가져다 주었지만, 지혜로운 모사에게는 제후의 지위를 안겨 주
었다. 만일 약의 제조법이 지혜롭고 어진 마음을 가진 현인(賢人)에게
전해졌다면 많은 사람의 고통을 덜어 주는 약으로 쓰였을 것이다.

제4화 쓸모는 하늘이 정하는 법

　혜자가 장자에게 말했다.
　"사람들이 가죽나무라고 부르는 큰 나무가 있습니다. 큰 줄기는

굴곡이 심하고 잔가지는 너무 구부려져 아무짝에도 쓸모가 없습니다. 이 나무처럼 당신의 주장도 크기만 하고, 아무 쓸모가 없어서 사람들에게 외면당하고 있다는 것을 아셔야 합니다."

혜자의 말이 끝나자 장자가 자신의 생각을 말하였다.

"그대는 살쾡이라는 짐승을 본 적이 있지요? 살쾡이란 놈은 몸을 최대한 낮춘 채로 작은 짐승들을 노리거나, 먹이를 찾아 사방을 뒤지고 다닙니다. 그러다가 덫이나 그물에 걸려 잡혀 죽기도 합니다. 그런데 저 검은 소는 큰 덩치 때문에 쥐 한 마리도 잡지 못합니다. 그대에게 쓸모 없는 큰 나무가 걱정거리라면, 그것을 사람들의 관심에서 멀리 떨어진 너른 들판에 심어 놓고 그 그늘 아래서 낮잠이나 자는 편이 나을 것입니다. 이 큰 나무는 세상의 관심과 소용에서는 멀어졌으나 해를 입을 걱정에서도 멀어진 것이지요."

〈소요유(逍遙游)〉

장자의 지혜에 미치지 못하는 혜자는 장자의 도를 깎아내려 자신의 체면을 세우려 한다. 하지만 혜자의 의도를 이미 짐작한 장자가 이를 반박하는 것은 숨 쉬는 일만큼이나 간단하다. 혜자는 사람들이 정한 기준에 따라 사물의 쓸모 있고 없음을 말하나, 장자는 살쾡이와 소의 천성을 예로 들어 손바닥 뒤집듯 가볍게 이를 반박한다. 즉, 모든 존재의 쓸모는 사람이 아닌 하늘이 정한다는 것이다. 또한 당장은 쓸모가 없는 존재라 해도 자연의 흐름에 맡기면 쓸모를 얻을 수 있다는 것이다. 일찍이 노자도 이에 대한 견해를 밝힌 적이 있다.

> 휘면 온전해지고 굽으면 곧아진다.
> 파이면 채워지고 그치면 새로워진다.
> 적으면 더해지고 많으면 잃게 된다. —《도덕경》 22장

시선을 조금만 옮겨도 더 넓은 세상을 볼 수 있다. 욕심을 갖고 바라보면 아는 만큼만 보게 되나, 마음을 비우고 멀리 보면 보이는 모든 것을 알게 된다. 혜자는 앞에 있는 장자만을 바라보고 그를 넘으려 했으나, 장자는 혜자가 등지고 선 자연 전체에 관심을 두고 있음을 알아야 한다.

제5화 통하였느냐

남곽자기(南郭子綦)가 책상에 기대앉아 하늘을 우러르며 긴 한숨을 내쉬었다. 허허로운 모습이 마치 넋이 나간 사람 같았다. 안성자유(顏成子游)가 곁에서 바라보다 말을 건넸다.

"어쩐 일이십니까? 사람의 몸과 마음이 고목나무처럼 마르고 재

처럼 사위다니요. 책상에 기대고 계신 지금의 모습은 예전과 너무나 달라 보입니다."

"언(偃, 안성자유의 이름)아, 너의 질문이 훌륭하다. 지금 나는 나 자신을 잃어버렸다. 그런데 네가 그것을 눈치챘구나. 하지만 너는 사람의 소리인 인뢰(人籟)는 들었어도 땅의 소리인 지뢰(地籟)는 아직 듣지 못했을 것이며, 땅의 소리는 들었어도 하늘의 소리인 천뢰(天籟)는 듣지 못했을 것이다."

〈제물론(齊物論)〉

현실 세계에 존재하는 모든 사물에 대해 겉만 보고 각자의 생각을 말하라고 한다면 그 표현은 각양각색일 것이다. 그러나 존재의 본질에 대해서 말하라고 하면 대략 몇 가지로 줄어든다. 더 나아가 모든 존재의 근원이 되는 도(道)의 관점에서 본다면 구별과 차별은 무의미해진다. 따라서 존재의 근원인 도의 관점에서 보면, 만물은 '모두가 같다.'고 말할 수 있다.

사물을 사람의 생각이나 말로써 표현하는 것을 인뢰라고 하고, 사물이 지닌 고유한 특성을 땅의 소리, 즉 지뢰라 할 때, 존재의 근원이 되는 도, 즉 하늘의 소리는 천뢰가 되는 것이 마땅하다.

초(楚)나라의 은자였던 남곽자기는 장자에게 호감을 준 인물로 〈인간세(人間世)〉편에도 등장한다. 남곽자기가 그의 제자였던 안성자유와 주고받은 위의 대화에는 장자가 사물을 인식하는 태도가 잘 드러나 있다.

안성자유는 남곽자기가 망연자실해 있는 모습에서 전과 다른 느낌을 받았을 뿐만 아니라, 무엇에도 얽매이지 않는 속마음을 읽었다. 이에 남곽자기는 제자의 뛰어난 관찰과 판단을 반기면서도 좀 더 큰 깨달음을 전하기 위해 천뢰, 즉 도의 경지를 말하고 있다. 그는 드러난 차이에 마음을 쓰기보다 존재의 근원에 대해 알고자 힘쓰는 것이 도의 경지에 이르는 길이라는 것을 깨우쳐 주고자 했던 것이다.

작은 존재이면서 더 큰 존재를 이루기도 하는 인간은 구별과 차별을 통해 자신의 가치를 드러내려 애쓴다. 뿐만 아니라 서열을 정해 자신의 가치까지 높이려고 한다. 그러나 인간의 이러한 노력은 줄세우기와 편가름으로 나타나고, 결국 끊임없는 다툼으로 이어지게 되는 것이 현실이다. 이러한 긴장과 갈등에서 벗어나려면 남곽자기가 안성자유에게 일깨워 주고자 했던 천뢰, 즉 하늘의 소리에 귀 기울여야 한다. '도의 관점에서는 모든 것이 매한가지'라는 하늘의 소리에 귀 기울이고 이를 우리 삶에 적용한다면, 차별과 구별에서 오는 상실감이나 경쟁심은 하늘의 소리로 덮이고, 우리의 삶은 안정을 되찾을 수 있다.

제6화 조삼모사

마음을 괴롭혀 억지로 하나가 되려고 하고, 자연이 본래 하나임을 알지 못하는 것을 조삼(朝三)이라 한다.

원숭이를 기르는 사람이 도토리를 원숭이들에게 나누어 주면서 "아침에는 세 개, 저녁에는 네 개씩 주겠다."라고 하였다. 그러자 원숭이들이 모두 화를 냈다. 그래서 다시 "그렇다면 아침에 네 개, 저녁에 세 개를 주겠다."라고 하자 원숭이들이 모두 기뻐했다.

하루 동안에 받는 양에는 아무런 변화가 없는데도 기뻐하기도 하고 화를 내기도 하니, 이는 인간들이 시비(是非)를 따지는 마음과 같다. 그러나 성인(聖人)은 시비를 화합시키고 자연에 순응하며 살아간다.

〈제물론(齊物論)〉

이 이야기는 《열자(列子)》의 〈황제〉편에도 실려 있다. 열자는 춘추 전국 시대 사람으로 대표적인 도가 사상가다. 이 글에 인용된 조삼모사(朝三暮四)의 고사를 《열자》에서는 '간사하고 얕은 꾀로 남을 속이는 행위'로 소개하고 있다. 하지만 장자는 도의 한결같음을 설명하고자 이 고사를 인용한 것으로 보인다.

장자는 모든 사물은 각각 존재해야 할 이유나 근원으로서 도를 간직하고 있다고 주장한다. 또한 덧붙이기를 "도는 스스로 생겨나고 스스로 변하며, 특별한 기준이 따로 없기에 차별이란 있을 수 없다."라고 했다.

하지만 인간은 남보다 앞서겠다는 욕심에 이와 같은 진리를 무시한 채 편가름과 순위 다툼을 일삼으며, 자신에게 유리한 것만을 받아들이고 그 반대의 것은 배척하려 한다. 이것과 저것, 나와 남, 옳고 그름, 아름다움과 추함, 크고 작음, 길고 짧음 등이 바로 인간이 만들어 낸 상대적이고 대립되는 개념들이다.

도토리의 양을 구별할 줄 아는 원숭이의 지각 능력이나 사물을 비교할 줄 아는 인간의 분별력은 타고난 것이다. 다만 자신의 이기적인 감정만을 앞세워 차별하는 태도가 문제다. 편견에서 나온 차별은 대립을 낳고 갈등과 분쟁으로 이어진다. 분별력 또한 변하기 쉬운 감정에 속하기 때문에, 이로 인해 만들어진 대립되는 개념들 역시 변할 수밖에 없다.

도토리를 아침에 세 개, 저녁에 네 개를 주거나 혹은 바꿔서 아침에 네 개, 저녁에 세 개를 주어도 일곱 개라는 양에는 변함이 없다. 문제는 자신이 받을 혜택 전체를 보지 못하고 눈앞의 현실에만 조바심치는 원숭이의 감정에 있는 것이다. 이 점에서는 인간 또한 마찬가지다. 인간의 감정이 만들어 낸 모든 대립되는 개념들은 절대적인 기준이 없기 때문에 일시적인 현상일 뿐이다. 자연의 흐름 전체를 놓고 보면 달라질 것은 아무것도 없다.

그럼에도 불구하고 대부분의 사람들은 감정이 파 놓은 함정에 빠져서 원숭이처럼 울고 웃고 화내며 살아간다. 하지만 원숭이가 아침저녁으로 몇 개씩 먹든 하루에 먹는 도토리 양이 일곱 개라는 사실을 깨닫는 것보다, 사람이 자신의 부족함을 깨닫는 일이 훨씬 쉽다. 왜냐하면 비교 본능을 타고난 인간에게 자연의 흐름과 비교해 자신의 집착이 티끌에도 미치지 못한다는 사실을 깨닫는 것은 지극히 자연스러운 일이기 때문이다.

제7화 참을 수 없는 지식의 가벼움

세상에는 짐승의 가을 털끝보다 큰 것이 없으며, 그 가운데 태산이 가장 작다. 일찍 죽은 아이보다 오래 산 사람이 없고, 8백 년을 살았다는 팽조도 요절한 것이다. 천지는 나와 더불어 생기고, 만물도 나와 하나가 된다. 이미 하나인데 말해 무엇하겠는가. 이미 하나라고 말해 놓고 달리 무슨 말을 하겠는가. 하나인 것과 하나라고 한 말은 합쳐서 둘이 되고, 이 둘과 원래 하나인 것은 다시 셋이 된다. 이러한 이치는 셈에 뛰어난 사람일지라도 헤아리기 어렵거늘 평범한 사람이야 오죽하겠는가.

그러므로 무(無)에서 유(有)로 나아갈 때도 셋이 되었는데 유에서 유로 나아갈 때야 말해 무엇하랴. 생각을 바르게 하고 도에 의지해야 한다.

〈제물론(齊物論)〉

우리가 '사물'이라고 말할 때는 이미 '앎의 대상'이라는 뜻이 포함되어 있다. 하지만 도는 이와 다르다. 도는 대상으로 파악할 수 없다는 의미에서 없음, 즉 무에 가깝다. 도를 무라고 여기는 것이 존재하지 않는 것이라는 뜻은 아니다. 다만 우리가 알 수 있는 경지를 넘어서는 까닭에 편의상 무의 범위에 넣었을 뿐이다. 이와 달리 사물은 앎의 대상이기 때문에 유에 해당한다.

이러한 인식을 바탕으로 장자는 "도란 원래 있는 것이라고도 할 수 없고, 없는 것이라고도 할 수 없다."라고 말한다.

사물에는 도가 들어 있다. 도로 말미암아 사물은 존재가 될 근거와 의미를 지니게 된다. 도는 사물을 사물로서 존재하게 하며, 운행시키며, 모든 것과 더불어 고르게 유지하게 해 준다. 다시 말해 도는 모든 존재의 근거가 되며, 운행의 원리이고, 앎의 한계를 뛰어넘어 사물의 절대적 가치를 보증해 준다.

장자가 동곽자(東郭子)와 나눈 다음의 대화에는 도의 이러한 성격이 잘 나타나 있다.

동곽자 : 도는 어디에 있습니까?

장자 : 어디에나 있다.

동곽자 : 좀 더 구체적으로 말씀해 주십시오.

(잠시 생각한 뒤에)

장자 : 땅강아지와 개미에게 있다.

동곽자 : 그런 작은 생명에도 있습니까?

장자 : 기장이나 피에도 있다.

동곽자 : 믿기지 않습니다.

장자 : 기왓장이나 벽돌에도 있다.

동곽자 : 어째서 그토록 심한 말씀만 하십니까?

장자 : 똥이나 오줌에도 있느니라.

장자가 말하고자 하는 것은 '사물에 대한 편견을 버리라.'는 것이다. 인간의 관점이 아닌 도의 관점에서 보면 사물에 대한 상대적인 차별은 편견일 뿐이다. 오로지 도가 인간에게만 있다고 생각하는 편견을 가지고 사물을 쓰다 버릴 도구로만 여긴다면, 결국 인간은 자신을 둘러싸고 있는 사물과 이들로 구성된 주위 환경으로부터 버림받게 된다. 오늘날 인간이 겪고 있는 생태 환경의 위기가 그 좋은 예라고 할 수 있다.

제8화 무엇이 올바른 삶인가

구작자(瞿鵲子)가 장오자(長悟子)에게 물었다.

"제가 듣기에 '성인은 속된 일을 하지 않고, 이익을 좇지 않고, 해입는 것을 두려워하지 않으며, 선택됨을 기뻐하지 않고, 도에 억지로 맞추지 않는다.'고 했습니다. 또한 '말을 아끼고 세속을 초월하여 즐긴다.'고 합니다. 선생님께서는 이를 터무니없다 하시지만, 제 좁은 생각으로는 이야말로 도를 훌륭하게 실천하는 것이라고 여겨집니다. 이에 대한 선생님의 생각은 어떤지 말씀해 주시지요."

장오자가 대답했다.

"이는 황제(黃帝, 중국인이 시조로 여기는 전설의 임금)조차 당황해할 말인데 공구(孔丘, 공자)인들 알겠는가. 그대는 너무 성급하다. 달걀에서 새벽을 깨우는 닭 울음을 구하고, 탄환에서 새구이를 구하는 것과 무엇이 다른가. 내가 시험삼아 그대에게 두서없이 말을 하겠으니 그대는 가볍게 들어주기 바란다. 성인은 해와 달을 곁에 두고, 우주를 보듬으며, 만물과 하나가 되어 혼돈에 머무르며, 귀천을 차별하지 않는다. 보통 사람들은 속된 일에 집착하느라 고달프지만, 성인은 속세에는 둔감하여 만년의 순수함을 지킨다. 만물은 스스로 존재하고, 성인은 만물과 더불어 노닌다."

〈제물론(齊物論)〉

공자와 노자가 살았던 춘추 시대는 중국 역사에서 혼란이 심했던 시기였다. 세상이 어지러울 때에는 영웅과 지사들의 활약이 돋보이게 마련이다. 아울러 저마다 대중의 정신적인 중심점이 되겠노라는 사상가들이 나타나 혼란을 수습할 각종 처방을 쏟아 낸다. 이 시대의 사상가들과 그들 나름의 처방을 제자백가라고 부르는데, 노자와 공자도 이에 속한다.

공자는 혼란의 원인이 도덕적 타락에 있다고 보고, 도덕성 회복을 통해 주(周)나라의 질서를 되살리고자 하였다. 이에 반해 노자는 주나라의 인위적이고 강제적인 통치 방식이 혼란의 원인이라고 보고, '억지로 어떤 일을 꾀하지 않고 자연 그대로 산다.'는 무위자연(無爲自然)의 태도만이 어려운 시대를 극복하는 유일한 대안이라고 여겼다.

사실인지 아닌지 의심스럽기는 하지만, 《사기(史記)》에 소개된 공자와 노자의 일화에는 이러한 생각 차이가 선명하게 나타난다.

공자가 주나라 사고(史庫)에서 일하고 있는 노자를 찾아가 물었다.

"도를 행하기가 어려운 까닭이 무엇입니까? 나는 나름대로 최선을 다해 도를 생각하고, 도의 원리를 밝히고, 실천할 군주를 찾아왔습니다. 하지만 쉽지가 않군요. 도를 행하는 것이 너무도 힘이 듭니다."

"그대가 의지하는 것은 이미 과거이며, 남아 있는 것은 오직 말뿐이다. 그런 것은 전혀 가치도 없는 것이라네. 게다가 그대의 태도도

옳다고 할 수 없네. 뛰어난 상인은 좋은 물건일수록 깊이 감춰 두고 좀처럼 보여 주지 않는 법이며, 훌륭한 인물일수록 자신의 장점을 깊이 간직한 채 모자란 사람처럼 행동한다네. 그대는 위선과 교만, 욕심과 야망을 버려야만 할 것이네. 그것이 그대의 안전을 위하는 길이 될 것일세."

이 이야기에서는 가공 인물인 구작자와 장오자를 통해 나타내고자 했던 장자의 인생관을 엿볼 수 있다. 구작자는 가볍고 경솔한 사람을 까치에 비유하여 만든 인물로 공자의 생각을 전하고 있으며, 장오자는 도를 깨달은 큰 인물을 오동나무에 비유해서 만든 인물로 장자의 생각을 드러내고 있다. 구작자가 현실의 세계에서는 실현하기 어려운 이상적인 인간을 성인이라 말하자, 장오자는 성인이란 자연과 더불어 살아가며 귀천을 차별하지 않는 사람이라고 반박한다. 무위자연하며, 세속에 연연하지 않으려는 장자의 생각이 반영되어 있다.

제9화 삶이 있기에 죽음이 있다

살아 있는 것을 기뻐하는 것은 어리석음일 뿐이다. 사람이 죽음을 멀리하려는 것은 어렸을 때 떠나온 고향에 돌아가지 않으려는 것과 마찬가지다.

여희(麗姬)는 애(艾)라는 고장을 지키는 관리의 딸이었다. 처음 진(晉)나라에 끌려와서는 눈물로 옷깃을 적셨지만, 왕의 사랑을 받으며 호화로운 궁궐에서 산해진미를 먹게 되자 전의 행동을 후회했다고 한다. 이와 마찬가지로 죽은 사람들이 삶에 대해 집착하리라는 보장 또한 없는 것이다.

〈제물론(齊物論)〉

잘 살아가는 것은 잘 죽어 가는 일과 마찬가지다. 모든 존재는 생겨남과 동시에 소멸의 과정을 밟는다. 사람도 예외는 아니다. 하지만 다른 사물에 비해 자의식이 강하다고 스스로 믿는 인간은 삶과 죽음을 동일선상으로 보려고 하지 않는다. 서로 반대되는 것으로 보고 삶을 연장하기 위해 죽음을 애써 잊으려 한다.

하지만 장자는 삶과 죽음을 변화의 흐름에 놓인 연속적인 관계라고 보았다. 시작과 끝이라는 대립 관계가 아니라 시작도 없고, 끝도 없는 하나의 흐름으로서 삶과 죽음을 이해한 것이다. 살아간다는 것이 곧 죽어 가는 것이라는 깨달음은 곧 삶이 삶 자체로만 이루어진 것이 아니며, 죽음이 죽음 자체만은 아니라는 사실을 깨닫게 해 준다.

도가와 같은 계통이라고 할 수 있는 중국 전한의 회남왕 유안(劉安)이 쓴 《회남자(淮南子)》에서도 장자와 비슷한 생사관을 엿볼 수 있다.

내가 태어나기까지 천지에는 무한한 시간이 흘렀다. 이를 놓고 보면 나라는 존재는 무한한 시간과 공간에 놓인 티끌에 불과하다. 몇십 년의 수명만 지니고 태어난 인간이 천하를 걱정하는 것은 마치 황하의 물이 줄 것을 슬퍼하고, 그 눈물로 황하의 물을 채우려 하는 것과 같다. 사흘밖에 살지 못하는 하루살이가 3천 년을 사는 거북에게 장수의 비법을 알려 준다면 천하가 웃을 일이다. 천하의 어지러움보다 스스로 깨달음을 얻으려는 사람이어야 도를 말할 자격이 있다.

《장자》나 《회남자》에서 알 수 있듯이 우리는 비할 데 없이 크고 넓은 우주의 아주 작은 일부에 지나지 않는다. 아울러 거스를 수 없는 거대한 흐름에 떠다니는 자그마한 잎사귀에 불과하다. 유한한 인생이 무한한 자연을 거스르고 걱정하기보다, 자연의 흐름에 순응하여 삶과 죽음의 경계를 허물어야 한다. 탄생은 죽음의 첫걸음이기도 하다. 따라서 잘사는 것은 잘 죽는 것이며, 생명의 시작으로서 죽음을 받아들일 때 삶은 평안하고 여유로워지는 것이다.

생명을 받으면 그대로 즐기고, 생명을 잃을 경우에는 제자리로 돌아간다.
— 《장자》 〈대종사〉

제10화 꿈 깨니 또한 꿈이런가

어느 날, 장자는 꿈속에서 나비가 되었다. 훨훨 날갯짓을 하며 창공을 기분 좋게 날아다니느라 미처 자신이 장자라는 사실을 알아차리지 못했다. 그러다 홀연히 잠에서 깨고 보니 자신으로 돌아와 있었다. 이윽고 장자는 기괴한 생각에 잠겼다. 내가 꿈속에서 나비가 된 것일까, 아니면 나비의 꿈속에 내가 있었던 것일까. 하지만 사람들은 장자와 나비를 분명히 구별해서 장자가 나비가 되고, 나비가 장자가 되는 것을 물(物)의 변화라고 말한다.

"꿈속에서 즐겁게 술을 마셨던 사람은 아침에 깨어나면 불행한 처지를 비관하여 슬피 울고, 꿈속에서 슬피 울었던 사람은 아침에 기쁘게 사냥길에 오른다. 꿈을 꾸는 동안에는 그것이 꿈인지를 알지 못한다. 꿈속에서 좋고 나쁨을 점치다가 깨어난 뒤에야 꿈을 꾸었음을 깨닫는다. 그런데 어리석은 사람들은 스스로 깨달은 듯 잘난 체하며 떠들어 대니 한심할 뿐이다.

우리는 모두 꿈을 꾸고 있고, 내가 그대에게 말을 건네는 이 순간도 꿈일지 모른다. 참으로 알 수 없는 이와 같은 일들을 일러 기괴하다고 한다. 만세(萬歲) 뒤에라도 성인을 만나 해답을 구할 수 있다면 그나마 다행한 일이다."

〈제물론(齊物論)〉

두 편의 꿈 이야기에는 장자 철학의 핵심이라고 할 수 있는 만물제동(萬物齊同), 물아일체(物我一體)의 정신이 고스란히 담겨 있다. 만물제동은 크고 작음, 아름답고 추함, 착하고 악함 등의 가치 대립이 도를 도로써 인식하지 못하는 데서 생긴 것이기 때문에, 도의 관점에서 본다면 모든 사물은 다르지 않다는 뜻이다. 물아일체는 자연과 내가 하나라는 뜻으로, 자연에 깊이 빠져든 경지를 말한다.

앞에서도 여러 번 이야기했던 것처럼 장자가 추구했던 정신 세계는 어떠한 인위적인 차별도 없는 세계다. 도의 관점에서 보면 모든 존재는 서로 다름이 없다. 또한 사물에 도가 들어 있다는 생각에서 본다면 모든 사물은 똑같이 존중되어야 한다. 이는 인간관계에만 적용되는 것이 아니다. 인간관계는 물론 인간과 사물, 사물과 사물, 그리고 이 모두를 포함한 시간과 공간에까지 적용되어야 할 원칙인 것이다.

장자가 나비가 되어 노닐었던 푸른 하늘은 자유를 상징한다. 그 어떤 구속도 그곳에는 존재하지 않는다. 이에 반해 땅 위에서 인간들이 권력이나 부, 명예를 얻고자 벌이는 일들은 한낱 진흙탕에서 구르는 싸움일 뿐이다. 이를 한탄해 장자는 다음과 같이 자신의 생각을 말했다.

평생토록 애를 쓰지만 성공을 보지 못하고, 피로에 짓눌려도 돌아가 쉴 곳이 없으니 참으로 애달프다. —《장자》〈제물론〉

위의 글은 주변과 자신을 억지로 나누고 서로 대립하는 가운데 자신의 위상을 높이려는 인간의 헛된 노력을 안타깝게 바라보는 장자의 심정이 잘 드러난 대목이다.

내가 나비 꿈을 꾼들, 나비의 꿈속에 내가 있은들 무엇이 다르고, 무엇이 문제인가? 좋은 꿈과 나쁜 꿈의 경계는 도대체 무어란 말인가? 모두가 부질없는 생각이다. 꿈과 현실, 나비와 장자 사이에는 구별과 우열이 없다. 그것은 단지 물(物)의 변화일 뿐이며, 하나의 흐름일 뿐이다.

모든 사물에 도가 있음을 인정하고, 고르게 대하고, 변화의 흐름을 받아들인다면 더 이상의 자유가 따로 없을 것이다.

제11화 칼로써 양생을 말하는 정(丁)

조리사 정(丁)이 문혜군(文惠君)에게 올릴 음식을 만들기 위해 소를 잡고 있었다. 한 손으로 쇠뿔을 움켜쥐고, 어깨로는 무게를 견뎌 내며 무릎을 세워 발로 짓누른 채 칼질을 했는데, 그 소리가 바람을 가르듯 경쾌하게 울려 퍼져 마치 음악을 연주하는 듯했다. 상림(桑林, 은나라 탕왕이 상산에서 지은 춤과 곡)의 춤과 경수(經首, 요임금이 만든 춤과 곡)의 장단에 견줄 만한 훌륭한 솜씨였다.

그윽히 바라보던 문혜군이 감탄하며 말했다.

"아! 훌륭하구나. 어찌 이리 훌륭한 재주를 지닐 수 있단 말인가."

정은 칼을 내려놓고 대답했다.

"저는 기술이 아닌 도를 추구합니다. 소를 처음 다룰 때는 온전한 소 한 마리를 다루겠다고 덤벼들었습니다. 하지만 3년 정도 흐르고 나니, 온전한 소 대신 다루어야 할 부위만 눈에 들어왔습니다. 게다가 지금은 눈이 아닌 마음으로 소를 대하는 경지까지 이르렀습니다. 자연의 이치에 따라 크게 느껴지는 틈이나 공간에서 칼을 다루다 보면, 설령 뼈와 힘줄이 뒤엉켜 있어도 실수가 없으며, 큰 뼈조차 익숙하게 바를 수 있습니다.

뛰어난 조리사가 1년에 한 번 칼을 바꾸는 것은 살코기를 주로 다루었기 때문이고, 평범한 조리사가 다달이 칼을 바꾸는 것은 무리하게 써서 칼날이 뼈에 부딪혀 무뎌진 탓입니다. 지금 제 손에 들린 칼은 19년 동안 수천 마리의 소를 다루는 데 쓰였으나 칼날은 방금 숫돌에 간 듯합니다.

비록 남다른 솜씨를 지녔다고 인정받고 있지만, 뼈와 힘줄이 뒤엉켜 있는 부위를 다룰 때는 마음을 모으고 시선을 집중하며, 손놀림에 신중을 다합니다. 노고 끝에 뼈에 붙어 있던 살들이 마치 흙덩이처럼 분리되어 떨어지면서 해체가 끝나면, 잠시 긴장을 풀고 숨을 고른 후에 평상으로 돌아와 도구를 정리합니다."

감동한 문혜군이 말했다.

"훌륭하구나. 네 이야기가 나에게 몸과 마음을 건강하게 유지하기 위해 갖추어야 할 지혜를 일깨워 주었도다."

〈양생주(養生主)〉

중국인들은 죽은 뒤의 세계나 내세에 매달리기보다는 삶을 연장하거나 무한히 이어 가는 수단을 찾는 일에 더 많은 관심을 기울였다. 불로불사(不老不死)의 염원이 구체화된 신선술(神仙術)이 그 좋은 예이며, 삶을 오래도록 이어 가기 위해 몸과 마음을 건강하게 유지하는 일인 양생(養生)은 구체적인 실천 방법 가운데 하나다.

위의 고사는 양생의 지혜에 관한 이야기다. 이 이야기가 전하는 교훈은 다음과 같은 세 가지다.

첫째, 모든 사물의 근본을 이해하려고 노력해야 한다. 즉, 자연의 도에 순응해야 한다는 것이다. 조리사 정이 소를 다룰 때 결과 조직을 고려해서 칼을 썼던 것처럼, 근본을 이해하고 원리에 따르는 자세가 바람직하다는 것이다.

둘째, 규율과 원칙을 무시해서는 안 된다. 즉, 마땅히 지켜야 할 도리를 다해야 한다는 것이다. 술수와 요령은 일시적으로 도움이 되나 칼날만 무디게 해 오히려 손해를 줄 수도 있다는 사실을 깨우쳐 준다.

셋째, 자신이 하는 일에 만족할 줄 알아야 한다. 즉, 보잘것없는 일에도 최선을 다해야 한다는 것이다. 정이 소 잡는 일을 하찮게 여겼다면 기술 연마는 물론 남에게 인정받는 일도 불가능했을 것이다. 맡은 일에 긍지를 갖고 최선을 다함으로써 기술을 도의 경지로까지 끌어올렸기에 남에게 감동을 줄 수 있었던 것이다.

제12화 사람에게서 자연으로

공문헌(公文軒)이 우사(右師)를 대하고 놀라며 물었다.

"도대체 어찌된 일인가? 어쩌다가 한쪽 발을 잃었는가? 하늘의 뜻인가, 아니면 사람의 뜻인가?"

우사가 말했다.

"하늘의 뜻이지, 사람의 뜻은 아니다. 하늘이 나를 한쪽 다리로 살게 한 것이다. 사람의 생김은 하늘이 정해 준다. 내가 한쪽 다리로 살게 된 것도 그런 이치다. 연못가에 사는 꿩은 열 걸음을 옮겨 먹이를 한 입 쪼아 먹고 백 걸음을 걸어야 물을 한 모금 마실 수 있지만, 새장에 갇히는 것은 원치 않는다. 음식은 쉽게 얻어지겠지만 마음이 갇히기 때문이다."

〈양생주(養生主)〉

이 글에 등장하는 공문헌은 장자가 지어낸 인물로, 화려하게 치장한 수레를 타고 다니며 부귀영화를 누리는 사람을 뜻한다. 그리고 우사는 송나라의 관직 이름이다.

우사는 죄를 지어 형벌을 받고 한쪽 다리가 없는 불구가 되었다. 인간이 만든 규칙을 어겨 인간에게 처벌을 받은 것이다. 하지만 우사는 이를 단순히 사람의 행위라고만 생각하지 않았다. 비록 사람이 행한 일이지만 천명(天命, 하늘의 뜻)이라는 원인이 작용했다고 생각했다.

우사의 예에서 보듯 장자는 운명론자였다. 그는 자연의 이치에 순응하는 삶이 하늘의 뜻을 좇아 운명에 순응하는 삶이라고 여겼던 것이다.

우사는 나름대로의 생각과 처세를 바탕으로 관직에 올라 부귀와 명예를 좇았다. 자신의 능력이면 충분히 출세가도를 달릴 수 있다고 생각했던 것이다. 하지만 하늘의 뜻을 외면한 지나친 욕심은 반드시 화를 부르게 마련이다. 한쪽 다리를 잃고 나서야 우사는 이 사실을 깨달았다. 그리고는 하늘의 뜻에, 자연의 이치에 순응하게 되었다.

운명을 받아들이는 것은 체념과는 구별된다. 우사의 태도는 체념에서 나오는 냉소적인 모습이 아니라 진리를 깨달은 데서 오는 달관의 모습이다.

형벌을 준 현실을 원망하고 자신의 처지를 비관하며 살았다면, 우사의 삶은 자연의 이치를 거스르다 스러진 삶에 불과했을 것이다. 하지만 아픔을 겪은 뒤에 스스로 한계를 깨닫고 하늘의 뜻에 충실하고자 했기에 우사의 삶은 훗날 모범이 될 수 있었던 것이다.

제13화 누구나 자기 설움에 운다

　　노담(老聃, 노자)이 죽자 진실(秦失)이 조문을 가서, 세 번 곡을 하고는 나와 버렸다.

　　제자가 물었다.

　　"고인은 선생님의 친구가 아니십니까?"

　　진실이 가볍게 답했다.

　　"그렇다네."

　　더욱 의아해진 제자가 다시 물었다.

　　"그렇다면 조문을 그렇게 해서야 되겠습니까?"

　　진실이 말했다.

　　"그렇다. 처음에는 나도 저들처럼 하는 것이 예의라고 생각했지만 지금은 생각이 다르다. 내가 들어가 조문할 때 곡을 하던 노인은 마치 자식을 잃은 설움에 우는 것 같았고, 젊은 사람들은 어미를 잃은 듯 울었다. 사람들이 여기에 모인 이유는 말로는 아니라고 하지만 실제로는 위로와 곡을 하기 위함이다. 이는 하늘의 뜻을 저버림은 물론 사람의 도리에도 어긋난 것이기에 천명을 거역하는 것이다. 옛날에는 이를 두고 하늘을 거역하는 죄라 했다.

노담이 세상에 온 것은 태어날 때를 맞았기 때문이고, 세상을 떠나게 된 것은 떠날 때에 이르렀기 때문이다. 때를 알고 하늘의 뜻에 따르면 기쁨이나 슬픔도 나오는 관계가 없다. 이것이야말로 절대적인 구속에서 벗어나는 일이 아니겠느냐. 땔나무는 다 타도 불은 다른 나무로 옮겨 붙는 것과 마찬가지로, 자연의 흐름은 내 의지와 상관없이 영원토록 이어지는 것이다."

〈양생주(養生主)〉

노담, 즉 노자의 죽음은 거역할 수 없는 운명이었다. 노담의 벗이었던 진실이 친구의 죽음을 대하는 태도는 여느 문상객들과 달리 담담하고 간결했다. 진실의 이러한 행동은 운명에 대한 순응의 결과다. 진실은 문상객들이 목놓아 우는 이유가 노담의 죽음 때문이라고 생각하지 않았다. 겉으로는 노담의 죽음을 슬퍼하는 듯 보이지만, 실제로는 각자 가지고 있는 설움 때문에 곡을 하는 것이라고 보았다. 결국 사람은 남에 대한 연민보다는 자기 설움에 흐느껴 우는 존재일 뿐이라는 것이다.

그래서 진실은 죽음을 지나치게 슬퍼하는 것은 자연의 뜻이나 사람의 도리에 어긋난 것이라 여겨서 세 번의 곡으로 문상을 마친 것이다. '삶과 죽음도 하늘의 뜻인데, 인간이 어찌 그것을 거스르려 하는가?'라는 순응의 자세인 셈이다.

세속을 버리면 바쁜 일이 없으며, 바쁜 일이 없게 되면 마음이 편안해지며, 마음이 편안해지면 곧 자연과 함께 새롭게 변화되고, 이로 말미암아 도에 접근하게 된다.　　　　　　　-《장자》〈달생〉

제14화 집착이 없으면 잃을 것도 없다

안회(顏回)가 말했다.

"저로서는 더 이상 나아갈 방도를 모르겠습니다. 좋은 방법을 알고 싶습니다."

중니(仲尼, 공자)가 말했다.

"재계(齋戒)를 하는 것이 좋겠다. 이에 대해 말해 주겠다. 아집에 사로잡혀 있다면 재계가 쉽지 않을 것이다. 또한 너무 쉽게 생각한다면 하늘이 꾸짖을 것이다."

안회가 말했다.

"저의 집은 가난하여 술은 물론 향내 나는 채소를 입에 대 본 지가 오래전입니다. 이만하면 재계라고 할 만하지 않겠습니까?"

중니가 말했다.

"그것은 제사 때의 재계일 뿐 마음의 재계가 아니다."

안회가 말했다.

"그렇다면 마음의 재계란 대체 무엇을 말하는 것입니까?"

중니가 말했다.

"한결같은 마음을 지녀야 하며, 사물의 소리를 귀가 아닌 마음으로 들어야 한다. 아니 더 나아가 기(氣)로 들어야 한다. 귀는 단지 소리를 들을 뿐이고, 마음은 사물을 대상으로만 대한다. 하지만 기는 무심히 모든 사물을 받아들인다. 도는 빈 마음에 드는 것이니, 마음을 비워야 재계가 이루어지는 것이다."

안회가 물었다.

"제가 미처 마음의 재계를 이루지 못했을 때는 아집에 사로잡혀 있었습니다. 그런데 재계에 이르니 마음의 구속이 사라졌습니다. 이제 마음을 비웠노라고 감히 말해도 되겠습니까?"

중니가 대답했다.

"훌륭하다. 하지만 내가 좀 더 일러 줄 말이 있다. 너는 세속에 섞여 들더라도 부질없는 명예에 정신을 팔지 말아야 한다. 또한 억지로 네 생각을 남에게 강요하지 말아야 하며, 마음의 담을 쌓지 말고 오로지 도에 의지해 부득이한 경우에만 네 뜻을 밝힌다면 재계를 온전히 이루는 것이라 할 수 있다."

〈인간세(人間世)〉

이 글에 등장하는 중니, 즉 공자와 안회는 스승과 제자 사이로 안회는 공자가 가장 사랑했던 제자다. 유가 사상에 대해 비판적이었던 장자는 이 글에서 공자의 입을 통해 자신의 생각을 표현하는 방식을 택했다. 장자가 이들을 내세워 전달하고자 했던 것은 인위의 한계를 깨닫고 몸과 마음을 자연의 바다에 던지라는 것이다.

이 글을 담고 있는 〈인간세〉편은 포악한 정치를 일삼는 위왕을 훈계하기 위해 떠나려는 안회를 공자가 말리는 내용으로 시작된다. 중국 진나라 때의 사상가로서,《장자주》33권을 정리해 장자 해석의 권위자로 인정받은 곽상(郭象)은 〈인간세〉의 명칭에 대해 다음과 같이 설명한다.

사람들과 더불어 살아가는 존재인 사람은 사람을 떠나서 살 수 없다. 하지만 세속과 관련된 법도는 일관성이 없어 집착하지 않는 사람만이 얽매이지 않고 자연의 흐름에 순응할 수 있다.

이로 미루어 볼 때 '인간세'라는 제목은 사람들이 사는 세상을 뜻한다. 공자는 제자인 안회에게, 우쭐한 마음에 함부로 남을 훈계하다가 도리어 화를 입게 될지도 모른다고 타이른다. 사람은 누구나 자신의 지식이나 능력을 지나치게 믿어서 자연의 질서를 거스르거나, 세상 일에 무리하게 끼어들어 화를 입기도 한다. 이는 자연의 규모와 운행 원리를 깨우치기에는 인간의 생각이 너무도 부족하기 때문이다.

장자는 생명의 자연스러운 유지와 흐름을 가장 중요하게 생각했다. 비록 살아 있는 생명들이 서로 부딪쳐 본능과 엇갈린 이해로 인해 혼란을 겪게 될지라도, 자기만의 해결책을 찾는 것은 옳지 않다고 말한다. 각자의 처지에서 상황을 분석하는 마음은 오직 주관일 뿐이다.

'재계'란 정성껏 제사를 준비하는 태도로서, 마음을 비우는 것이다. 이러한 태도를 갖출 때 다른 사람과 사물을 바로 대할 수 있으며, 비로소 마음에 세상을 담을 수 있다.

제15화 천륜(天倫)과 인륜(人倫)

중니가 말했다.

"세상에는 힘써 지켜야 할 일이 두 가지가 있는데, 천명과 의리가 그것이다. 자식이 어버이를 섬기는 것은 천명에 해당하는 것으로 늘 마음에 새겨야 한다. 신하가 임금을 섬기는 것은 의리에 해당하는데, 세상이 군주의 것이기에 회피할 수는 없는 노릇이다. 그렇기 때문에 힘써 지켜야 한다고 말한 것이다.

무릇 어버이의 마음을 편안하게 해 드리는 것이 효의 근본이며, 군주와 관계된 일이라면 궂은일도 마다 않고 행하는 것이 충성을 올바로 실천하는 길이다. 신하나 자식 된 도리는 피할 수 없는 것이다. 주어진 현실에 최선을 다해야 하며 자신의 처지를 내세우지 말아야 한다. 때로는 삶을 기뻐하거나 죽음을 슬퍼할 겨를조차 없는 것이다."

〈인간세(人間世)〉

이 이야기는 중니, 즉 공자가 한 말을 인용한 것이다. 장자가 천명과 의리에 대해 공자의 말을 인용한 것은 윤리 도덕에 끼친 공자의 영향 때문이다. 공자는 도덕성의 회복을 외치며 춘추 시대의 혼란을 바로잡고자 했다. 공자가 경험한 춘추 시대의 사회상은 패륜의 극치였다. '아들이 아비를 죽이고, 신하가 임금을 죽이는 시대'였던 것이다. 장자 역시 시대상에 대한 공자의 진단과 처방에 대해 어느 정도 공감하기는 했다.

하지만 장자는 공자의 생각에 전적으로 공감하지는 않았다. 그 이유는 공자의 도덕적 입장을 지나치게 인위적이라고 보았기 때문이다. 공자가 사회 혼란의 원인을 도덕적 타락에 있다고 보고 인(仁)에 바탕을 둔 충효를 실천함으로써 사회가 바로 설 수 있다고 생각한 것에는 동의하지만, 이를 모든 사람에게 똑같이 적용하는 것은 결코 바람직하지 않다고 장자는 생각했다.

사람마다 타고난 성품과 처한 상황이 다른데도 이를 고려하지 않고 자신의 생각만을 강요하는 것은 아집이요 독선이다. 장자는 자신의 생각만 옳다고 여기고 이를 다른 사람들에게 똑같이 적용시키려 한 공자의 일방적인 태도에 반대했던 것이다.

다시 말해 장자는 성인의 가르침에 따라 무조건 충효를 실천하기보다는, 각자의 처지에 맞춰 충효를 실천하는 것이 자연의 법도를 좇아 천륜과 인륜의 가치를 바르게 실현하는 길이라고 여긴 것이다.

제16화 존중함으로 존중받는다

거백옥(蘧伯玉)이 안합(顔闔)에게 말했다.

"당신도 사마귀에 대해 아실 것입니다. 사마귀란 놈은 화가 나면 앞발을 치켜들고 수레바퀴에 맞서기도 합니다. 이는 제 분수를 모른 채 자신의 능력이 뛰어나다고 착각하기 때문입니다. 자신의 얕은 재주만 믿고 상대방에게 맞서려 한다면 위태로울 수 있으니, 이 점을 항상 명심해야 합니다.

당신은 호랑이를 사육하는 사람에 대해서도 아실 것입니다. 사육사는 호랑이에게 살아 있는 먹이를 주지 않습니다. 산 채로 주면 살생의 맛을 알게 되어 성질이 포악해지기 때문이지요. 죽은 먹이라도 통째로 주어서는 안 됩니다. 먹이를 찢어밟기면서 성질이 더욱 과격해지기 때문이지요.

호랑이를 돌보는 사람은 호랑이의 욕구를 잘 헤아려서 성난 마음을 다스려야 합니다. 그래야만 호랑이가 자신과 다른 부류인 사육사에게 온순하게 행동할 것입니다. 드물지만 호랑이가 자신을 돌보는 사육사를 해치는 경우가 있는데, 이는 호랑이의 본성을 거슬렀기 때문입니다.

말을 돌보는 사람은 광주리에 말똥을 담고 큰 조개껍데기에 오줌을 받아 가면서 정성을 다합니다. 하지만 모기나 등에가 말에 붙은 것을 보고 무심코 후려치면, 놀란 말은 재갈을 물어뜯고 돌보는 사람을 공격하기도 합니다. 말에 대한 정성이 지극해도 말의 본성을 외면하면 화를 입을 수도 있으니, 어찌 조심하지 않을 수 있겠습니까."

〈인간세(人間世)〉

자연을 이루고 있는 모든 존재들은 나름의 본성이 있다. 또한 각각의 본성이 모여 자연을 이룬다고도 말할 수 있다.

사계절이 서로 바뀌며 일어나고, 만물은 차례로 소생하네. 음과
양은 조화롭고, 자연의 소리는 흐르는 빛과 같구나.   -《장자》〈천운〉

장자의 눈에 비친 자연은 질서정연하고 평화롭기 그지없다. 질서
에 순응하며 조화를 이룬다고 보았기 때문이다. 반면에 장자의 눈에
비친 인간 세계는 차별과 다툼, 혼란과 무질서가 뒤섞인 세상이다.
겸손함을 잊은 지 오래된 사람들은 저마다 잘난 척하며 상대방에게
권력을 휘두르려 든다.

그의 행동을 가만 놔두면 나라가 위기에 처하게 되고, 바로잡으려
하면 내 신상이 위험에 빠지게 됩니다. 그의 지혜는 다른 사람의 허
물을 들추는 일에는 뛰어나지만 자신의 허물은 알지 못합니다.

-《장자》〈인간세〉

위나라 임금인 영공의 심성이 포악하다고 알려진 탓에, 태자의 사
부로 임명받은 위나라의 현인 안합은 불안감을 떨칠 수가 없었다. 이
때문에 부임에 앞서 노(魯)나라의 현인인 거백옥을 찾아가 상의했고,
이를 장자가 인용한 대목이 바로 위의 글이다.
　장자는 이 글을 통해 타고난 본성을 외면한 채 자신의 욕심만을 채
우려는 인간들의 속성을 지적하고자 했다. 장자가 생각하기에 사람

들은 자신의 처지나 허물에는 관대하거나 무지하고, 상대의 약점에 대해서는 심하게 몰아붙이는 존재들이다. 즉, 분수를 모르고 수레바퀴에 무모하게 맞서는 사마귀나, 맹수의 속성을 무시한 채 자신의 감정대로 호랑이를 다루는 사육사처럼 능력을 과신하고 권력을 휘두르려는 존재들이다.

자연은 분수를 지키고 흐름을 따른다. 이에 비해 인간은 이기심과 권력욕을 드러내며 흐름을 거스른다. 인간이 무리를 이루는 곳에는 어디든 혼란과 다툼이 생겨나는 이유가 바로 여기에 있다. 인간이 본디 속해 있던 자연으로 돌아가기 위해서는 인간이 자연의 일부분이라는 사실을 깨달아야 한다. 아울러 교만의 옷을 벗고 겸손한 마음으로 상대를 존중하고 배려할 줄 알게 되면 '인간이 곧 자연'인 본래 자리로 되돌아갈 수 있을 것이다.

제17화 모난 돌이 정 맞는다

송나라 형지(荊氏) 땅에서는 가래나무, 잣나무, 뽕나무가 잘 자란다. 사람들은 기다렸다가 나무의 둘레가 한 뼘 이상으로 자라면 베어다가 원숭이를 매는 말뚝으로 사용한다. 서너 뼘 이상 나가는 나무들은 대들보감으로 베어진다. 일곱 내지 여덟 뼘에 이르면 높은 사람이나 부자들의 관을 만드는 재료로 쓰인다. 형지의 나무들은 뛰어난 재목들이어서, 이처럼 하늘이 내린 수명을 다하지 못하고 도끼나 자귀에 찍혀 쓰러진다.

이마가 흰 소, 코가 위를 향한 돼지, 치질을 앓는 인간 등은 불길하다 하여 제물로 쓰기를 꺼리는 통에 삶을 일찍 마감하는 일이 없다. 세속을 초월해 도의 경지에 이른 신인의 눈으로 볼 때는 이들이 오히려 천운이 따르는 존재들이다.

〈인간세(人間世)〉

《사기》의 〈노장신한열전〉에서는 장자의 행적을 다음과 같이 소개하고 있다.

초나라 위왕은 장주(莊周, 장자)의 지혜가 뛰어나다는 소문을 듣고 사신을 보내 재상이 되어 달라고 자신의 뜻을 전했다. 하지만 장자는 거절하였다.

재상의 자리는 모든 사람이 욕심 내는 자리로, 아무나 오를 수 있는 자리가 아니다. 그럼에도 불구하고 장자가 이를 단호하게 거절한 것은 명예와 이익에 따라 붙는 걱정과 근심을 예상했기 때문이다.

대개의 사람들은 남보다 나은 자리를 차지하기 위해 겉모습을 꾸미고, 지식을 쌓고, 힘을 기르는 등 많은 노력을 기울인다. 결국 출세를 향한 끝 모를 경쟁심은 사람들로 하여금 저마다 거대한 탑을 쌓게 만들었다. 하지만 높은 탑일수록 유지하기 어려운 법. 비옥한 형지 땅에서 하늘 높은 줄 모르고 솟구쳐 오르기만 했던 가래나무, 뽕나무, 잣나무들이 사람의 눈에 쉽게 띄어 제 수명을 다하지 못한 것처럼, 이기심 때문에 경쟁적으로 쌓아올려진 탑들도 큰 바람 앞에서는 맥없이 무너질 수밖에 없다.

문명이 발전할수록 우열을 다툴 일들은 늘어나게 마련이다. 지금도 사람들이 숨 쉬는 모든 공간에서는 학업, 직업, 연애, 외모, 취미 등등 많은 분야에서 우위를 차지하기 위한 필사적인 노력들이 펼쳐지고 있다. 하지만 이러한 노력의 결과들이 우리의 기대를 모두 채워 주지는 못한다. 아니 때로는 기대와 정반대로 좌절과 고통을 안겨 주기도 한다. 그 이유는 바로 성취라는 것이 상대적인 관점에서 평가되는 것이기 때문이다.

사람들은 보통 남이 이룩한 업적이나 성취를 보고 자극 받아 목표를 정하고 노력을 한다. 따라서 사회의 규모가 커질수록 경쟁은 심해질 수밖에 없다. 하지만 무한 경쟁에 앞서 우리는 장자가 던지는 엄격한 경고를 받아들여야 한다. 웃자란 나무가 먼저 베어지는 것처럼 더 높이 쌓여 위용을 뽐내는 탑일수록 바람 앞에 더욱 무기력하다는 경고를.

제18화 보이는 것만이 다가 아니다

절름발이인 신도가(申徒嘉)는 정(鄭)나라의 재상인 자산(子産)과 함께 백혼무인(伯昏無人)의 문하에서 학문을 배웠다.

불구자와 함께 걷는 것이 꺼림칙한 자산이 신도가에게 말했다.

"내가 먼저 나가면 자네가 남아 있고, 자네가 먼저 나가면 내가 남아 있겠네."

다음 날 다시 자리를 함께 하게 되자, 자산이 신도가에게 말했다.

"나는 이제 나가야 하는데 어제와 마찬가지로 자네는 남아 있게. 만일 그렇게 하지 않는다면 자네는 한 나라의 재상에게 무례를 행하는 것일세."

신도가가 말했다.

"같은 스승에게서 배운 제자인데도 차별을 한단 말인가? 그렇다면 자네는 자신의 권력만 믿고 남을 얕잡아보는 소인일세. 내가 들은 바로는 '깨끗한 거울에는 먼지가 끼지 않고, 먼지가 낀 거울은 맑지 않다.'라고 했네. 사람도 마찬가지로 마음이 맑은 사람과 오래 있으면 허물이 없어진다고 하는데, 자네는 어쩐 일인가? 선생님에게서 사람의 도리를 배워서 아는 자네가 어찌 이 같은 말을 할 수 있는가?"

〈덕충부(德充符)〉

이 이야기는 장자가 만들어 낸 인물인 신도가와 춘추 시대 후기의 뛰어난 정치가였던 자산을 대비한 일화다. 세속적인 관점에서 본다면, 비록 같은 스승(백혼무인은 장자가 만들어 낸 인물로 〈전자방〉, 〈열어구〉에도 등장함)에게서 배우기는 했으나 자산은 출세한 권력자이고, 신도가는 형벌로 인해 발이 잘린 천대 받는 절름발이에 불과했다. 장자는 사회적 지위나 신체적인 면에서 대조적인 두 사람을 등장시켜 세속적 잣대의 한계를 지적하고자 했다. 인간이 만든 기준에 따른 차별은 소외와 다툼만을 가져온다는 사실을 말하고자 했던 것이다.

인위적인 기준과 차별을 물리치는 것이 장자에게는 가장 중요한 관심사였다. 장자가 이 글에 굳이 대조적인 두 사람을 등장시킨 까닭도 차별의 어리석음을 일깨워 줌과 동시에 '도는 두루 통하는 하나이고, 만물은 도에 있어서 모두 같다.'는 사실을 알려 주고 싶었기 때문이다. 다음 글에는 장자의 이러한 생각이 잘 드러나 있다.

> 다른 점으로 보자면 간과 쓸개도 초나라와 월나라만큼이나 떨어져 있지만, 같은 점으로 보면 만물은 하나다.　　　　-《장자》〈덕충부〉

사람들의 사회적 지위와 신체적인 장애 역시 다른 점으로 보자면 다양한 차이로 나타나게 마련이다. 하지만 하늘이 내려준 본성이라는 점에서 보면 만물은 하나이며, 다를 바가 없다. 장자가 살았던 시대나 지금이나, 사람들은 바로 이 점을 잊고 있다. 사회적 지위는 편의상 사람들이 임시로 만들어 놓은 것에 불과하다.

그럼에도 불구하고 사람들은 지위가 낮거나 어려움에 처한 사람들을 무시하고 차갑게 대한다. 마치 하늘이 자신들에게 우월한 사회적 지위나 신체적 조건을 내려주기라도 한 것처럼. 그렇기 때문에 소외계층이 생겨나고 사회 갈등이 빚어진다. 사회적 지위나 신체 조건과 상관없이 사람은 누구나 사람답게 살 권리와 존엄성을 하늘에서 받았다. 그러므로 이를 인정하고 실천해야만 비로소 하늘이 내려준 도에 충실한 삶을 살게 되는 것이다.

제19화 이름지어진 덕은 덕이 아니다

위나라에 애태타라는 사람이 있었는데, 얼굴이 못생겼는데도 남녀 가리지 않고 많은 사람이 그를 따랐다. 소문을 들은 군주 애공은 그를 청해 한 달 동안 함께 지내며 됨됨이를 살폈다. 이윽고 애태타의 인품에 끌리게 된 애공은 그에게 재상 자리를 제안했다. 그러나 예상과 달리 애태타가 제안을 너무나 선선히 받아들이자, 애공은 여러 가지 상황을 떠올리며 고민했던 자신이 오히려 부끄럽게 느껴졌다. 얼마 못 가 속세에 얽매이지 않으려 애태타가 자리에서 물러나 떠나자 애공은 허전함을 가눌 길이 없었다.

애공이 중니에게 물었다.

"대체 애태타는 어떤 사람입니까?"

중니가 대답했다.

"제가 초나라에 사신으로 갔을 때 죽은 어미돼지의 젖을 빨고 있는 새끼돼지들을 본 일이 있습니다. 얼마 지나지 않아 새끼돼지들은 놀라며 도망쳤습니다. 자신들에게 향하던 어미돼지의 시선이 거두어진 데다 몸조차 전과 달랐던 것입니다. 새끼돼지들이 사랑한 것은 어미돼지의 형상이 아니라 젖을 물리고 새끼를 돌보는 어미의 덕이었던 것입니다.

전사한 사람의 장례를 치를 때에는 삽(翣, 관을 장식하는 새의 깃털)을 가지고 꾸미지 않으며, 발 잘린 사람은 신발에 연연하지 않는데, 그 이유는 근본을 잃었기 때문입니다.

반면에 천자의 후궁으로 뽑히면 몸을 온전히 보전해야 하며, 갓 결혼한 관리에게는 숙직을 면제해 주고 궁궐 밖에 머물도록 배려합니다. 몸을 보전하는 것에 대한 배려가 이 정도라면 덕을 갖춘 사람에 대해 각별히 예의를 지키는 것은 지극히 당연한 일일 것입니다."

〈덕충부(德充符)〉

본문이 실린 〈덕충부〉편에는 유독 불구자들이 많이 등장한다. 제18화에 등장했던 신도가는 발을 자르는 형벌을 받고 절름발이로 살아가는 사람이며, 여기 등장하는 애태타는 곱사등으로 알려져 있다. 이처럼 몸이 불편한 사람들을 등장시킨 이면을 들여다보면, 이들을 통해 장자가 전달하고자 한 의미가 무엇인지 짐작이 간다. 장자는 겉모습과 형식에 매달리는 사람들의 어리석음을 깨우쳐 주고자 했던 것이다. 육체적인 조건에 매달리는 것을 꾸짖고 생김새가 아닌 순수하고 진실된 마음의 덕을 권하고 있다.

덕은 몸이 아니라 마음으로 쌓는 것이다. 또한 일정한 형식에 따라야 하는 것도 아니다. 하지만 사람들은 자신들이 지닌 한 줌 지식에 기대서 저마다 편견에 가득 찬 덕을 내세운다. 장애, 외모, 학벌, 재산, 배경 등을 기준으로 차별하는 것이 잘못된 덕을 옳다고 믿게 만드는 원인이다.

그 가운데서도 신체의 장애와 겉모습을 기준삼아 차별하는 일은 잘못된 덕 가운데 대표적인 것이다. 타고났거나 어쩔 수 없는 이유로 갖게 된 신체 조건은 차별의 기준이 될 수 없다. 생김새가 다른 존재들이 어우러져 살아가는 것이 자연이라는 것을 안다면, 상대방이 지닌 존재 가치와 그가 추구하는 삶을 존중할 줄 알아야 한다.

넓은 세상을 한 개인의 좁은 생각으로 판단하는 것은, 나무 하나를 보고 숲을 파악하는 것처럼 어리석은 일이다. 뿐만 아니라 자신이 정

한 기준으로 남의 삶을 간섭하는 일도 이와 마찬가지로 올바른 행동
일 수 없다.

제20화 사람의 정, 하늘의 정

혜자가 장자에게 물었다.

"사람에게는 원래 정(情)이 없는가?"

장자가 그렇다고 대답했다.

혜자가 다시 물었다.

"정이 없다면 어찌 사람이라 할 수 있는가?"

장자가 말했다.

"도에서 기운을 받고 하늘에서 모양새를 받았으니, 이만하면 사람
이라 할 수 있지 않은가?"

혜자가 말했다.

"이미 사람이라고 말한 이상 어찌 정이 없겠는가?"

장자가 말했다.

"자네가 말하는 정과 내가 생각하는 정은 다르네. 내가 생각하는
정은 좋아하고 싫어하는 마음을 좇아 자신을 해치지 않고 자연의 흐
름에 자신의 삶을 맡기고, 어떻게든 삶을 늘려 보려 헛된 수고를 하

지 않는 것을 의미한다네."

혜자가 물었다.

"오래 살려고 애쓰지 않는다면 어떻게 그 몸을 보전할 수 있겠는 가?"

장자가 대답했다.

"도에서 기운을 받고 하늘에서 모양새를 받았음을 깨닫는다면, 좋고 싫은 감정에 휘둘려 자신을 해치는 일을 하지 말아야 하네. 내가 보기에 당신은 밖에서 헤매다 정신이 피곤해져 나무에 기대 탄식하고, 오동나무 책상에 기대 휴식이나 취하려 하고 있네. 하늘이 당신의 육체를 나무랄 데 없이 갖춰 주었건만 견백론(堅白論)²⁾ 따위의 궤변이나 늘어놓다니 안타깝네."

〈덕충부(德充符)〉

이 글을 이해하려면 '정'에 대한 혜자와 장자의 견해 차이가 무엇인지 알아야 한다. 혜자는 장자와 같은 시대 사람으로 일종의 궤변론이라 할 수 있는 명가(名家), 즉 논리학파에 속했다. 글의 내용을 통해 볼 때 혜자가 내세운 인간의 감정이란 각자의 개인적인 감정을 의미한다. 반면에 장자가 말하는 감정은 하늘이 모든 사람에게 내려준 보

---

2) 궤변론자인 공손룡(公孫龍)의 '견백동이론'을 말함. 돌이라는 실체는 하나지만, 존재 형태는 둘(단단한 돌과 흰 돌)이라는 궤변론.

편적인 정서를 의미한다. 따라서 혜자가 내세우는 감정은 서로 다른 차별성으로 나타나며, 장자가 말하는 감정은 무엇에도 치우치지 않고 '하나로 통하는 도'라고 말할 수 있다.

장자는 〈달생〉편에서 각자의 입장을 떠나 보편적인 도로 돌아가야 한다면서 다음과 같이 밝혔다.

세속을 버리면 바쁜 일이 없어지고, 바쁜 일이 없어지면 마음이 편해지고, 마음이 편해지면 자연에 동화되어 새롭게 바뀌며, 결국 도에 이르게 된다.

세속을 버린다는 것은 일과 삶에 대한 개인적인 집착, 즉 개성에 대한 집착을 버린다는 뜻이다. 세속의 명예와 이익에 매달리지 않으면 탄식할 일도 힘들어할 일도 없다. 또한 생사를 구별하여 수명을 늘리고자 연연하는 일을 그친다면 마음의 평화를 얻을 수 있다.

육체적인 수고로움으로 말미암은 탄식과 고단함에서 벗어나 정신적인 평화를 얻는다는 것은 곧 자연 상태에 이르는 것이다. 이 상태가 되면 바로 장자가 말하는 차별 없는 보편적 정서에 이르게 되는데, 이것을 하늘의 정이라고 할 수 있다.

제21화 진인을 본받아!

어떤 사람을 일러 진인(眞人)이라 하는가. 옛날의 진인은 상대방이 모자란다고 업신여기지 않았으며, 자신의 능력을 뽐내지 않았고, 억지로 일을 하지도 않았다. 진인은 실패해도 후회하지 않았고, 자기가 마음먹은 대로 일이 진행되어도 자만하지 않았다. 진인은 높은 데를 오르더라도 두려워하지 않고, 물속에서도 젖지 않고, 불에 들어가도 타지 않았다. 이는 진인의 지식이 도의 경지에 이르렀기 때문이다.

옛날의 진인은 잠을 자도 꿈을 꾸지 않았고, 깨어나도 근심하지 않았다. 먹는 것을 달가워하지 않았으며, 호흡은 보통 사람에 비해 훨씬 길었다. 진인의 숨은 발뒤꿈치까지 도달하는데, 보통 사람의 호흡은 목구멍에서 그칠 뿐이다. 남의 비위나 맞추려는 자는 목이 메이는 듯한 소리를 내고, 욕심이 많은 자는 하늘의 뜻을 두려워하지 않는다.

옛날의 진인은 삶을 기뻐하거나 죽음을 미워하지 않았다. 또한 태어남을 기뻐하거나 죽음을 두려워하지도 않았다. 그저 홀연히 왔다가 홀연히 갈 뿐이라고 생각했다. 삶의 시작을 기억하면서도 끝나는 바를 구하지 않았다. 하늘에서 생명을 받았음을 기뻐하면서도 죽으면 의연히 자연으로 돌아간다.

진인은 마음으로 도를 새기고, 인위적으로 하늘의 뜻을 저버리지 않는다. 진인의 마음은 속세를 떠나 도에 머물러 고유함을 유지하며, 이마는 넓고 평평하다. 어느 곳에도 치우치지 않는 마음은 서늘하기가 가을 같고, 따뜻하기는 봄과 같다. 감정이 사계절과 통하고 사물과 조화를 이루니, 감히 그 마음의 바닥을 짚을 수가 없다.

〈대종사(大宗師)〉

장자가 등장한 뒤 도가에서는 도를 깨우친 사람을 진인이라 불렀는데, 훗날 당나라의 현종(玄宗)은 장자에게 남화진인(南華眞人)이라는 시호(諡號)를 내리기도 했다.

진인은 분명 보통 사람과는 구별되는 존재다. 보통 사람이 세속에 부대끼며 작은 이익이라도 얻으려고 애쓰는 존재라면, 진인은 자신을 내세우지 않고, 공을 다투지 않으며, 주관에서 벗어나, 자연과 더불어 조화를 이루고 살아가는 존재를 의미한다.

진인의 경지는 보통 사람들이 볼 때 현실과는 거리가 먼 이상의 경지라고 할 수 있다. 하지만 장자가 내세우는 진인의 조건을 곰곰 따져 보면, 보통 사람들이 갖추고자 하는 덕목과 비슷하다. 진인의 풍모에 대해 묘사한 위의 글에서도 겸손, 용기, 의연함, 온유 등 보통 사람들에게도 친숙한 덕목들이 등장한다. 이 점만 보더라도, 우리는 장자가 내세우는 진인이 인간과 동떨어져 구름 위를 노니는 존재가 아니라, 인간이 갖추어야 할 모든 덕목을 갖춘 최고의 인간임을 알 수 있다.

장자가 내세우는 진인의 여러 조건들 중에서 핵심은 단연 '자연의 흐름에 대한 순응'이다. 진인, 또는 지인(至人)은 최고의 경지에 도달한 존재다. 대립적인 사고나 고정관념에서 벗어난 존재이며, 빈부나 귀천의 조건을 따져 차별하지 않는 존재다. 삶과 죽음에 선을 긋지 않으며, 시작과 끝에 연연하지 않는다. 또한 진인은 독선적 태도나 절대주의를 받아들이지 않으며, 편협한 규범주의도 싫어한다. 이러한 진인의 모습에 대해 장자는 간결하고 명확하게 밝혀 주었다.

진인은 육신을 버리고 분별을 버려서 안팎으로 크게 통한다.

－《장자》〈대종사〉

진인은 자연의 흐름에 순응하고 사사로움을 버린다.

－《장자》〈응제왕〉

제22화 삶과 죽음을 넘어 자유로

샘이 말라 바닥이 드러나면 물고기들은 입김과 거품으로 서로를 적셔 준다. 그러나 이처럼 극한 상황에서 서로 돕는 것보다 넓은 강이나 호수에서 헤엄치며 서로를 의식하지 않는 것이 훨씬 자유롭다.
요임금을 칭송하고 걸(桀)임금을 악인이라 비난하는 것보다 둘 다 잊
고 도에 따라 사는 것이 훨씬 자유롭다. 자연은 내게 육체를 주어 삶
을 이어 가게 하고, 세월을 따라 늙도록 만들어 자연의 흐름에 순응
하게 하며, 죽음을 주어 나를 쉬게 한다.

　삶을 기쁘게 받아들일 수 있다면 휴식인 죽음도 편하게 받아들일
수 있는 것이다.

〈대종사(大宗師)〉

　대개 인간의 삶은 노동으로 말미암아 고단하다. 하지만 사람들은
고단하다고 느끼면서도 삶에 매달린다. 속담에 '개똥밭에 굴러도 이
승이 낫다.'는 말이 있다. 고되고 하찮은 인생이라도 삶을 이어 가는
것이 좋다는 뜻이다. 반면에 죽음에 대한 생각은 어떠한가. 대부분의
사람들은 죽음에 대한 두려움을 안고 살아간다. 죽음에 대한 느낌을
말해 보라고 하면, 대개 음습함, 어두움, 고통, 낭떠러지, 망각 등 부
정적으로 표현한다.

　삶은 희망이기에 고통도 참아 낼 만하며, 죽음은 절망이기에 가능
한 한 피하고 싶어 한다. 말라 가는 강바닥에서 물고기들이 입김과
거품으로 서로를 적셔 주며 어렵사리 생명을 이어 가려는 이유도 삶
을 포기하고 싶지 않기 때문이다. 사람들 또한 이와 마찬가지로 살아

있음을 느끼기 위해 끊임없이 노력한다. 다른 사람과 비교하여 자신의 존재 가치를 가늠하는 것도 바로 그와 같은 노력에 속한다.

하지만 장자의 눈으로 보면, 요임금과 걸임금은 나름의 방식으로 삶에 대한 의지를 실행했던 보통 사람들이다. 그러나 사람들은 자신의 존재 가치를 드러내기 위해 두 사람을 비교하고, 판단을 개입시켜 선과 악으로 나눈다.

물고기의 살고자 하는 노력이 몹시 처량하게 느껴지는 것은 마음속에 삶과 죽음을 나누는 경계가 있기 때문이며, 요임금과 걸임금의 행적을 굳이 비교하는 이유는 이들에게 인위적으로 선과 악의 잣대를 적용하기 위해서다.

장자가 이상적인 인간상이라고 말하는 진인은 마음이 없다는 의미가 아닌, 얽매이지 않는다는 의미의 무심(無心)에서 노니는 사람이다. 삶과 죽음에 대한 구별, 선과 악에 대한 판단 등을 마음에서 내몰고, 그 무엇에도 얽매이지 않은 채 모든 일에 자유롭게 대응하는 것이 도를 따라 살아가는 진인의 참모습이다.

도는 오직 비어 있는 곳에만 모인다.   -《장자》〈인간세〉

비어 있으면 무위로써 모든 일에 대응한다.   -《장자》〈경상초〉

제23화 청출어람(青出於藍)

안회가 말했다.

"저에게 진전이 있었습니다."

중니가 물었다.

"무슨 말이냐?"

안회가 대답했다.

"인의(仁義)를 잊었습니다."

중니가 말했다.

"바람직하지만 아직은 멀었다."

다음 날 안회가 중니에게 다시 말했다.

"제 깨달음이 좀 더 나아간 듯합니다."

중니가 말했다.

"무슨 뜻이냐?"

안회가 말했다.

"예악(禮樂)을 잊었습니다."

중니가 말했다.

"성과가 있어 보이지만 좀 더 나아가야 한다."

다른 날 안회가 공자를 찾아뵙고 말했다.

"제가 크게 깨달았습니다."

중니가 말했다.

"무슨 말이냐?"

안회가 말했다.

"제가 좌망(坐忘)을 할 수 있게 되었습니다."

이 말을 듣고 크게 놀란 중니는 태도를 고치면서 물었다.

"좌망이란 무엇이냐?"

안회가 말했다.

"육체와 감각, 지각을 떠날 뿐만 아니라 온갖 차별을 초월해 큰 도에 이르는 것을 좌망이라 합니다."

중니가 말했다.

"도와 하나가 되면 차별이 사라지고 집착에서도 벗어나, 변화의 흐름을 따라 살아가게 된다. 너는 과연 현명하구나. 이제 내가 너에게 가르침을 받아야겠다."

〈대종사(大宗師)〉

앞에서도 나왔지만 두 사람은 스승과 제자 사이다. 공자의 제자 가운데 학식과 인품이 가장 뛰어났다는 평을 듣는 인물이 안회다. 공자는 제자들에게 수기치인(修己治人)을 가르쳤다. 수양을 쌓은 뒤에 세상에 나아가라는 뜻이다. 공자가 수양의 핵심으로 내세운 것이 바로 인의와 예악이다. 한데 가장 아끼는 제자가 이를 버림으로써 깨달음이 한 걸음 더 나아갔다니, 이는 유가(儒家)에서 보면 탄식할 노릇이다. 이토록 철저하게 유가의 종지(宗旨, 으뜸가는 가르침)를 부정하면서까지 장자가 세우고자 했던 수양론은 무엇이었을까.

유가 사상은 인격과 학식을 갖춘 사람이 앞장서서 사회를 바꾸어야 한다는 인위(人爲)의 사상이다. 이에 비해 도가는 인간도 자연을 구성하는 하나의 사물이기 때문에 철저히 자연의 흐름에 따라야 한다는 무위(無爲)를 주장한다.

이 글에서 안회가 인의와 예악을 버리고 취했다는 좌망은, 나를 버리고 나를 잊는 것이다. 곧 무위자연으로 통하는 문이라 할 수 있다. 이는 곧 인위의 허물을 벗음으로써 무위의 길을 열어 가려는 장자의 의지를 강하게 표현한 것이라고 할 수 있다.

제24화 마음을 비우면 귀신도 도망간다

정나라에 계함(季咸)이라는 신통한 무당이 있었다. 사람들의 생사(生死), 화복(禍福), 요절(夭折) 등의 운세를 정확히 짚는 데다 시간까지 귀신처럼 맞추었다. 정나라 사람들은 그를 보면 혼비백산했다.

열자가 그를 만난 뒤 깊이 빠져들어 호자(壺子)에게 말했다.

"그를 만나기 전에는 스승님의 도를 최고라고 생각했는데, 이제는 그렇지가 않습니다."

호자가 말했다.

"내 너에게 도를 가르쳤어도 알맹이는 아직 가르치지 않았는데, 네가 어찌 도를 깨달았다고 하느냐. 암탉이 아무리 많다 한들 수탉이 없다면 어찌 알을 낳겠느냐. 너는 얕은 도로써 사람들의 환심을 사려고 하니, 무당이 관상을 보고 너의 처지를 쉽게 알아채는 것이다. 어디 시험삼아 그를 데려와 나를 보이거라."

다음 날 열자는 계함을 데리고 왔다. 호자의 관상을 살핀 계함은 밖으로 나와 열자에게 말했다.

"아! 당신의 스승은 열흘을 넘기지 못하고 죽을 것이오. 이상하게도 그대의 스승에게서는 젖은 재가 보이오."

열자가 들어와 흐느끼며 호자에게 전했다. 그러자 호자가 입을 열었다.

"나는 그에게 땅의 모양을 보여 주었다. 마치 흙덩어리처럼 움직이지 않으니 그는 생기가 막혔다고 여겼을 것이다. 시험삼아 다시 데려오너라."

이튿날 다시 계함을 데려왔다. 관상을 살핀 뒤 밖으로 나온 계함은 열자에게 말했다.

"참으로 다행입니다. 당신의 스승은 나를 만난 덕분에 병이 나았습니다. 생기가 되살아났습니다. 꽉 막혔던 생기가 열린 것입니다."

열자에게 그 말을 전해 들은 호자는 이렇게 말했다.

"이번에는 그에게 하늘과 땅의 모습을 보여 주었다. 그것은 무어라 이름 붙이거나 설명하기 어려운 것이며, 생기는 발뒤꿈치에서 나오는 것이다. 그는 아마도 나에게서 생성되는 기운을 보았을 것이다. 시험삼아 다시 데려오너라."

다음 날 계함은 다시 호자 앞에 앉았다.

관상을 다 본 뒤, 밖으로 나온 계함이 열자에게 말했다.

"당신 스승은 관상이 일정하지가 않아 운세를 점치기가 어렵습니다. 관상이 일정하게 잡히면 그때 다시 보겠습니다."

열자가 들어와 계함의 말을 전했다.

호자가 말했다.

"내가 그에게 아무런 기운이나 흔적을 느낄 수 없는 상태를 보여 주었다. 그는 내게서 음양이 고르게 조화된 상태를 보았을 것이다. 고래가 헤엄치는 물이나 흐름이 멈춘 채 고여 있는 물, 그리고 흘러가는 물 모두를 못이라고 한다. 못에는 아홉 가지가 있는데 계함에게는 세 가지만 보여 주었다. 시험삼아 다시 데려오너라."

다음 날 열자는 계함을 다시 데려왔다. 호자를 본 계함은 앉기도 전에 넋이 나가 달아나 버렸다.

호자가 말했다.

"쫓아가서 그를 데려오너라."

열자가 급히 따라갔으나 놓치고 말았다.

열자가 말했다.

"놓쳐 버렸습니다."

호자가 말했다.

"아까 나는 그에게 자연 그대로의 모습을 보여 주었다. 내가 마음을 텅 비우자 그는 나에 대한 분별력을 잃었고, 성난 파도가 덮쳐 오는 것처럼 느껴 도망친 것이다."

그 일이 있고 난 뒤 열자는 3년 동안 밖으로 나가지 않고 집에만 머물렀다. 그 기간에 그는 아내를 위해 밥을 지었고, 돼지를 사람처럼 극진히 거두었으며, 모든 일에 치우침이 없었다. 인위를 버리고 자연으로 돌아가 무심히 만물과 뒤섞인 채 일생을 마쳤다.

〈응제왕(應帝王)〉

'선무당이 사람 잡는다.'라는 말이 있다. 이 글에 등장하는 무당은 계함 한 사람이지만, 도를 깨우치기 전 열자의 행동 또한 가히 선무당이라 할 만하다. 배움도 부족한 열자가 무당에게 현혹되어 감히 태산 같은 스승의 경지를 얕잡아 봤으니, 이야말로 선무당이 사람 잡을 일이다. 하지만 스승인 호자는 제자의 부족함을 즉시 꾸짖기보다 제자가 잘못된 길로 접어들게 된 과정을 되짚어서 깨우쳐 줌으로써 도의 근원을 깨닫게 했다.

열자가 계함에게 현혹되었던 것은, 계함이 세속적인 가치를 추구하는 열자의 내면을 그의 표정에서 읽었기 때문이다. 겉모습은 삶의 이력서다. 집착과 근심 걱정이 많을수록 겉모습에 표시가 나기 마련이다. 곧 세속에 대한 집착에서 비롯된 인위를 계함에게 읽힌 것이고, 이를 짚어 낸 계함에게 열자가 빠져 버린 것이다.

열자는 어떤 사람인가. 열자가 실제 인물이었는지는 분명하지 않다. 정나라 출생으로 이름은 어구였으며, 노자와 장자의 중간 시대에 살았던 인물이라고 전한다. 자신의 저술인지는 확인할 길이 없지만 《열자》 8편을 남겼다.

생사와 시비의 초월을 주장한 점에서는 노자·장자와 가까우나 무위를 향해 적극적으로 나아가지는 않았다. 즉, 도가에 가까우나 도가에 속하는 사람은 아니었다. 열자의 이러한 면모를 알아야 장자가 그를 통해 전달하고자 하는 내용을 바르게 이해할 수 있다.

열자와 계함, 그리고 도를 깨우쳐 제왕이라 할 만한 열자의 스승 호자. 장자는 이 세 사람의 관계를 통해 제왕의 자격을 밝히고 있다. 제왕은 자신의 얕은 지식을 과신하지 말아야 하며, 이에 의지해 다른 사람의 처지를 함부로 판단해서는 안 된다. 흐름이나 양에 관계없이 물이 하나이듯이, 드러나는 모습과 상관없이 도 역시 하나인 것이다. 즉, 자연의 도는 하나이며, 이를 깨달아 무위를 실천하는 것이 제왕의 도리다.

스승의 가르침을 통해 크게 깨달은 열자는 차별하는 마음을 모두 거두고 만물과 하나가 되어, 자연의 흐름에 순응하는 무위를 실천함으로써 제왕의 풍모를 지니게 된다.

제25화 인위(人爲)가 무위(無爲)를 죽이다

남해의 임금을 숙(儵)이라 하고, 북해의 임금을 홀(忽)이라 하며, 중앙의 임금을 혼돈(渾沌)이라 한다.

숙과 홀이 때마침 혼돈의 땅에서 만나게 되었다. 혼돈은 이들을 극진히 대접했다. 숙과 홀은 혼돈의 정성어린 대접에 보답할 궁리를 했다.

"사람에게는 일곱 개의 구멍이 있어 그 구멍을 통해 보고 듣고 먹고 숨을 쉬는데, 혼돈한테는 이것이 없어 불편할 거야. 우리가 그를 위해 구멍을 뚫어 주자."

숙과 홀은 날마다 혼돈의 몸에 구멍 하나씩을 뚫었다. 이레가 지난 뒤 혼돈은 죽고 말았다.

〈응제왕(應帝王)〉

방위 중 남쪽은 '밝음'을, 북쪽은 '어둠'을 상징한다. 그리고 태초의 모습은 혼돈이기에 중앙에 자리잡고 있다. 이야기에 등장하는 숙, 홀, 혼돈은 밝음, 어두움, 뒤섞여 있는 태초의 모습을 의인화한 인물이다. 그리고 숙과 홀은 인위적으로 무언가를 하고자 하는 인간의 의지를 비유하여 표현한 것이다. 혼돈은 무유(無有)의 상태, 즉 인간의 인위적인 판단이 전혀 개입되지 않은 순수 자연의 상태를 의미한다.

만물이 구체적인 모습을 갖추기 전의 상태인 혼돈에는 사람의 손길이나 생각이 미처 개입되지 않았기 때문에 본래의 순수함이 남아있다. 그래서 일곱 개의 구멍(두 눈, 두 귀, 두 콧구멍, 한 개의 입)으로 비유된 사람의 감정과 손길이 미치자 본래의 생기를 잃고 죽음을 맞게 된다. 인위가 무위를 죽인 것이다. 현실적으로 표현한다면 인간이 자연을 죽인 것이다.

2

외편(外篇)

우물 안 개구리는 좁은 곳에 갇혀 바다를 모르고, 여름 벌레는 시절에 갇혀 얼음을 모르며, 재주가 부족한 사람은 배움에 갇혀 도를 모릅니다. 벼랑에 이르러 바다를 대하고서야 자신의 초라함을 깨달았으니, 그대도 이제 세상의 이치를 말할 수 있게 되었습니다. 천하에 바다보다 큰 물은 없습니다. 수많은 물줄기가 흘러들어도 넘치지 않습니다. 천지에 몸을 맡기고 음양에서 기운을 얻을 뿐입니다. 하늘과 땅 사이에 놓인 나는 태산에 놓인 작은 돌, 작은 나무에 불과합니다. 스스로 작다는 것을 아는 내가 어찌 크다고 말할 수 있겠습니까.

2. 외편(外篇)

제26화 물오리와 학의 다리

가장 올바른 길을 가는 사람은 타고난 참모습을 잃지 않는다. 그러므로 발가락이 붙었거나 손가락이 하나 더 있는 육손이라도 스스로 불구라고 생각하며 비관하지 않는다. 길어도 남는다고 생각하지 않으며, 짧다고 부족하게 여기지 않는다.

그러므로 물오리는 비록 다리가 짧지만 길게 이어 주면 오히려 괴로워할 것이다. 학의 다리 또한 길다고 그것을 짧게 자르면 슬퍼할 것이다. 본래 긴 것은 자르지 말아야 하며, 짧은 것을 이어서도 안 된다. 남과 비교하며 늘 근심에 잠겨 있을 필요는 없다.

생각해 보면 인의는 사람의 참된 모습이 아니다. 덕을 갖추었다고 자부하는 사람들에게 얼마나 근심이 많겠는가.

〈변무(駢拇)〉

앞 글에서 나왔던 신도가는 형벌로 말미암아 다리를 잃은 불구자였다. 이 글은 타고난 불구에 대해 말하고 있다. 타고났거나 살아가는 과정에서 그렇게 되었거나 간에 불구라는 것은 사람의 판단이 낳은 결과다. 자연은 모든 존재가 지닌 나름대로의 가치를 존중하건만, 인간들은 편의대로 갖춤과 못 갖춤을 정해 놓고 정상과 비정상으로 차별을 한다. 그것도 겉으로 나타난 모습만으로. 그렇다면 정상과 비정상의 기준은 무엇이며, 그 기준은 어디에서 비롯되었는가?

장자는 자신의 주장을 세우기 위해 과감히 당시 가장 영향력이 높았던 유가를 비판했다. 유가는 삶의 기준을 제시하는 사상이다. 기준을 바로 세워 세상을 변화시키고자 했던 것이다. 성인의 지혜를 내세워 어리석은 인간을 가르치고, 나아가 세상을 바꿔 보고자 했다. 하지만 유가의 처방이 장자의 눈에는 이기심에서 비롯된 임시방편일 뿐이었다.

자연은 손가락과 발가락이 각각 다섯 개인 사람한테만 삶의 기회를 주지는 않는다. 모자람도 넘침도 흐뭇함도 아쉬움도, 자기 처지에서만 느끼는 감정일 뿐이다. 자연은 본래 아무런 의도가 없으니 이렇다 할 기준이 없고, 기준이 없으니 구별 또한 없고, 구별이 없으니 차별의 여지가 있을 턱이 없다. 하물며 상대적인 모습에 집착하여 겉모습이나 신체 조건에 불만을 품고 성형을 하는 사람이 늘어나고 있으니, 이는 자신의 열등함을 스스로 드러내는 꼴이다.

제27화 수양산 바라보며 공자를 탓하노라

장(臧, 사내종을 뜻함)이 곡(穀, 계집종을 뜻함)과 함께 양을 치다가 양을 잃고 말았다. 장에게 영문을 물었더니 독서에 취해 몰랐다고 변명했다. 다시 곡에게 물었더니 놀이에 열중하다 그렇게 됐다고 이유를 댔다. 두 사람의 이유는 다르지만 결과는 매한가지다.

백이(伯夷)[1]는 명분을 지키다 수양산(首陽山) 아래에서 굶어 죽었고, 도척(盜跖, 중국 고대의 전설적인 큰도둑)은 이익을 좇다 동릉(東陵, 산동성에 있는 태산) 위에서 죽었다. 이 두 사람이 죽게 된 사정은 다르지만 목숨을 잃었다는 결과는 같다. 그런데도 두 사람의 죽음을 놓고 백이는 바르다 하고 도척은 그르다 하는가.

인간은 누구나 죽는다. 하지만 인의를 지키다 죽으면 군자라 하고 재물을 탐하다 죽으면 소인이라 한다. 삶을 마감한 것은 매한가지인데 누구는 군자로 존경받고 누구는 소인으로 몰려 손가락질을 받는다. 죽음에 이르기까지 집착으로 인해 본성을 지키지 못한 것은 백이나 도척, 군자나 소인 둘 다 마찬가지다. 그럼에도 불구하고 군자와 소인으로 나누어 차별하는 일을 어찌 옳다 하겠는가.

〈변무(騈拇)〉

---

1) 주나라 무왕(武王)이 은나라의 주왕(紂王)을 무찌르고 주왕조를 세우자, 무왕의 행위가 인의에 어긋난다고 하여 주나라의 곡식을 먹지 않고 수양산에 몸을 숨긴 채 고사리를 캐어 먹고 지내다가 굶어 죽은 인물이다. 유가에서는 청절지사(淸節之士)로 크게 높인다.

백이는 명예를 지키려다 죽었고, 도척은 이익을 좇다가 죽었다. 하지만 자연의 입장에서 보면 명예나 이익 모두가 세속의 가치일 뿐인데, 세속에서는 명예와 이익을 차별한다. 명예를 지키다 희생되면 추모하지만, 이익을 좇다 죽으면 업신여기는 것이 세속이다. 이러한 세속의 차별이 헛된 집착을 낳는다.

삶과 죽음은 지극히 자연스러운 일인데 이를 잊고 각자의 이해관계에 따라 타인의 삶에 대하여 이러저러한 평가를 내리는 것은 자연이 허락한 분수를 넘어서는 일이다. 뿌리고 거두는 것은 자연의 일이다. 인간이 아무리 지식을 뽐낸다 해도 자연의 품 안에 있는 존재일 뿐이다.

따라서 인위적인 가치관에 따라 남보다 나은 삶을 살려 하기보다 남과 나누며 자연스런 삶을 살고자 할 때 인간을 차별하는 경계는 허물어지고 자연이 허락한 자유를 마음껏 누릴 수 있다.

제28화 그 어떤 기예도 자연을 빚지는 못한다

말의 발굽은 서리나 눈의 시림도 견디게 해 주며, 털은 한기를 막아 준다. 말은 평소에 풀을 뜯고 물을 마시며 발을 구르며 내달리는데, 이것이 말의 본성이다. 비록 높은 누각과 호화로운 궁전이 있다

한들 말에게는 아무 소용이 없다.

어느 날 백락(伯樂)이란 사람이 나타나서는 말을 잘 다룬다고 큰소리를 쳤다. 말 다루기를 허락 받은 백락은 말의 털을 태우거나 깎고, 발굽을 태우거나 인두로 지지고, 굴레나 고삐로 매어 구유와 말판이 있는 마구간에 매어 두었다. 하지만 정성으로 돌보는 듯해도 죽는 말이 열 마리 가운데 두서너 마리나 되었다. 게다가 길들인다는 이유로 굶기거나 물도 주지 않았으며, 갑자기 뛰고 달리게 했다. 앞에는 재갈과 가슴받이가 있어 불편하고, 더구나 채찍질 때문에 두려워하다 죽는 말이 반을 넘었다.

도공이 말했다.

"나는 진흙을 잘 다루어서 둥글게 빚으면 그림쇠에 들어맞고, 각지게 만들면 곱자에 맞는다."

목수가 말했다.

"나는 나무를 잘 다루기 때문에 굽은 것을 만들면 갈고리에 맞고, 곧은 것을 만들면 먹줄에 들어맞는다."

그러나 찰흙이나 나무의 본성이 단지 그림쇠나 곱자, 갈고리나 먹줄에 맞기만을 바라겠는가. 그런데도 세상 사람들은 백락은 말을 잘 다루고, 도공은 흙을 잘 빚으며, 목수는 나무를 잘 다룬다고 하니, 이는 천하를 다스리는 자의 잘못이다.

내 생각에는 천하를 잘 다스린다는 것은 그런 것이 아니다. 백성

들의 삶은 한결같다. 길쌈으로 옷을 지어 입고, 밭을 일궈 먹을 것
을 얻는다. 천하를 잘 다스린다는 것은 하늘이 풀어놓은 덕을 사람
들이 함께 누리도록 하는 것이다.

〈마제(馬蹄)〉

세상에는 수많은 명장(名匠)과 그들이 빚은 명품들이 있다. 명장은
이름값이 최고에 이른 사람들이고, 명품은 그들이 만든 제품들이다.
사람들은 이 명품을 얻기 위해 비싼 값을 치른다. 따라서 명장들에게
는 부와 명예가 따르기 마련이다.

백락은 춘추 시대 때 말을 가장 잘 다루어서 명장이라 불리던 사람
이다. 말을 꾸미거나 다루는 데 필요한 도구를 만드는 솜씨가 뛰어
났다. 게다가 조련에도 나름의 솜씨를 발휘했다. 그런데 지켜보는 사
람들이 감탄할 만큼 재주가 뛰어났지만, 죽어 나가는 말이 적지 않
았다. 하늘의 뜻을 무시하고 인간의 생각으로만 다루었기 때문이다.
제아무리 솜씨가 좋은 명인도 하늘의 조화를 넘어설 수는 없는 것
이다.

마찬가지로 목수나 도공의 솜씨가 아무리 뛰어나도 하늘의 베풂과
자연의 조화를 흉내 내는 것에 지나지 않는다. 장인과 예술가의 노력
이 높은 경지에 이르렀다고 해도 넘어설 수 없는 것이 자연이며, 거
스를 수 없는 것이 하늘의 뜻이다. 문명 생활에 필요한 도구를 만들

거나, 다른 사물을 생계에 이용할 때에는 반드시 이 점을 명심해야
한다.

　말을 다룰 때는 말의 타고난 본성을 최대한 존중해야 하며, 생활
에 필요한 각종 도구를 만들 때는 재료의 타고난 성질을 최대한 고
려할 줄 알아야 한다. 모든 생명과 재료들은 자연이 빚은 명품들이
기 때문이다. 만일 사람들이 이기심을 앞세워 사물을 함부로 대한다
면, 자연이 빚어낸 명품들은 망가지거나 본래의 가치를 잃게 될 것
이다.

　절제된 양념으로 재료가 지닌 자연의 맛을 최대한 드러내 주는 전
통 음식, 주변 풍경과 조화를 이루는 옛 건축물, 여백의 미를 중요시
하여 간결하게 표현된 옛 그림 등은 바로 하늘이 빚은 명품이면서 동
시에 겸손한 마음으로 조화를 이루며 살고자 했던 선인들의 뜻이 담
긴 진정한 명품이라고 할 수 있다.

제29화 곳간지기 공자

　상자나 궤를 잘 여는 도둑에 대비하기 위해서는 빗장을 잘 질러
야 하며, 자루를 잘 뒤지는 도둑을 막으려면 끈을 단단히 동여매야
한다. 이것이 지혜로운 사람의 처신이다. 그러나 아무리 대비를 잘

해도 큰도둑들은 통째로 들고 가면서, 빗장과 노끈이 느슨하지 않을까 걱정을 한다. 그러니 지혜로운 처신이라는 것은 한낱 큰도둑만을 이롭게 하는 것에 불과하다. 즉, 지혜로운 성인의 역할은 큰도둑이 가져갈 재물을 보관했다가 내어 주는 곳간지기에 지나지 않는다.

옛날 제(齊)나라는 비옥한 토지가 사방 2천 리에 달했고, 사회가 안정되어 많은 사람이 모여 살았다. 성인의 법도에 따라 종묘(宗廟)와 사직(社稷)을 세웠으며 읍옥(邑屋, 땅의 넓이를 기준으로 한 단위), 주려(州閭, 려는 가옥을 기준으로 한 행정 단위), 향곡(鄕曲, 125려로 이루어진 행정 단위) 등의 행정 구역을 정해 나라를 다스렸다. 그러나 태평성대도 잠시, 전성자(田成子)라는 도둑이 등장해 임금을 죽이고 왕권을 도둑질했다. 이로써 제나라는 권력뿐만 아니라 성인이 지혜로 이룩한 법도마저 잃게 되었다. 전성자는 도둑에 불과하나 요·순임금에 버금가는 영화를 누렸으며, 주변에 있는 국가들마저도 눈치를 봐야 하는 권력을 누렸다. 그의 이러한 부귀영화는 자손 대대로 이어졌다.

제나라의 경우만 보더라도 성인의 우쭐대는 지혜는 도둑이 가져갈 곳간을 지키는 일에 지나지 않았던 것이다.

〈거협(胠篋)〉

도가에서는 노자와 장자 외에 다른 학파들이 내세우는 정치 학설

을 '유위(有爲)의 정치'라고 하며, 노자와 장자의 무위(無爲) 정치와 대비해서 비판한다. 특히 장자는 유위 정치의 맨 위에 유가를 놓고 더욱 심하게 비판했다. 이는 인의를 바탕으로 덕치(德治)를 주장하는 유가의 정치 철학이 무위를 통해 자연과 하나가 되어야 한다는 도가의 입장에 어긋난다고 생각했기 때문이다.

공자는 성인의 덕을 본받아 질서를 안정시키고 문물제도를 개혁해 살기 좋은 나라를 만들어야 한다고 주장했다. 즉, 공자가 내세우는 성인의 덕이란 인위적인 개혁과 위계질서를 확립하기 위한 본보기라고 할 수 있다. 장자는 유가의 이러한 주장을 상자, 궤, 자루를 마련해 재물을 담고, 이를 잘 단속해 도둑에게서 지키려는 노력이라고 보았다. 하지만 전성자의 예에서 보듯 큰도둑에게는 지혜로운 자의 백 가지 처방도 소용이 없다. 아무리 완벽하게 잠그고 단단히 동여매도 송두리째 들고 가면 소용없는 노릇이다. 오히려 철저한 단속이 도둑질에 편리만 제공할 뿐이다.

이러한 맥락에서 본다면 사람들이 자신들의 권리를 지키겠다는 생각에서 새로운 문물과 제도를 만드는 것은 욕심에 지나지 않는다. 재물을 쌓아 둘 욕심이 없다면 상자와 궤, 그리고 담아 둘 자루가 필요하지 않듯이, 살아가기에 편한 세상을 만들겠다는 마음조차 버린다면 잃을 것은 아무것도 없다.

제30화 바람만이 아는 대답

운장(雲將)이 동쪽을 여행하다 부요(扶搖)의 나무 아래를 지나던 중에 홍몽(鴻蒙)과 마주쳤다. 홍몽은 넓적다리를 두들기며 참새처럼 종종 뛰고 있었다. 운장이 놀란 기색으로 홍몽에게 물었다.

"노인장은 뉘시며, 대체 여기서 무엇을 하고 계십니까?"

계속 종종 뛰면서 노인이 대답했다.

"놀고 있다네."

운장이 말했다.

"여쭙고 싶은 것이 있습니다."

운장에게 잠시 눈길을 주며 홍몽이 말했다.

"말해 보게."

운장이 말했다.

"하늘의 기운은 조화를 이루지 못하고, 땅의 기운은 막혀 음(陰)·양(陽)·풍(風)·우(雨)·회(晦)·명(明)의 육기(六氣)가 섞이지 못하니 계절에 절도가 없어졌습니다. 육기의 정수를 모아 만물을 번성하게 하려면 어떻게 해야 되겠습니까?"

같은 동작을 계속하던 홍몽이 머리를 가로저으며 말했다.

"나는 모른다."

홍몽의 완강한 태도에 실망하며 운장은 그곳을 떠났다.

그로부터 3년의 세월이 흐른 뒤 송나라의 들판을 지나가던 운장은 홍몽을 다시 만났다. 운장은 반가운 기색을 감추지 못하며 홍몽에게 달려가 말을 건넸다.

"하늘 같은 분이시여, 저를 잊으셨습니까? 하늘 같은 분이시여, 저를 잊으셨습니까?"

그러고는 정중히 절을 올리고 가르침을 부탁했다.

홍몽이 말했다.

"나는 정처 없이 떠도는 사람일세. 게다가 놀기에 바빠 생각할 겨를이 없어 무엇을 알려 주어야 할지 모른다네."

운장이 말했다.

"저도 마음 가는 대로 몸을 맡기며 살아가고 있습니다. 하지만 백성들은 개의치 않고 저를 따릅니다. 심지어 백성들은 마지못해 하는 제 행동까지 따라 하고 있습니다. 한 말씀 해 주시기를 간절히 부탁드립니다."

홍몽이 말했다.

"하늘의 법도를 어지럽히고 만물의 본성을 거스르면, 자연의 조화가 깨져 짐승의 무리가 흩어지고, 밤하늘에는 새 울음소리만 높아진다. 게다가 초목이나 벌레에까지 화가 미친다. 이는 곧 다스리는 자의 허물 때문인 것이다."

운장이 심각한 표정으로 다시 물었다.

"그러면 저는 어찌해야 합니까?"

홍몽이 대답했다.

"아아! 괴롭구나. 이제 그만 물러가거라."

운장이 애원하듯 말했다.

"이제 헤어지면 언제 또 뵙겠습니까? 간곡히 부탁드리니 한 말씀만 해 주십시오."

홍몽이 잠시 생각한 뒤에 말했다.

"마음을 크게 가져라. 무위를 실천하면 만물의 조화는 절로 이루어진다. 존재를 잊고, 지혜를 닫고, 주변 존재들을 의식하지 않으면 자연과 하나가 될 수 있다. 집착을 버리고 마음을 비워 아무것도 알려 하지 않는다면, 만물은 절로 번성해서 본래의 모습으로 돌아간다. 더욱이 돌아간 사실조차 깨닫지 못해야 차별이 없는 본래의 세계에 머물 수 있다. 하지만 만일 깨닫게 된다면 자연의 본성에서 멀어지는 것이다. 알려고도 보려고도 하지 않으면 만물은 스스로 그러할 뿐이다."

운장이 말했다.

"제게 덕을 가르쳐 주시고 침묵을 보여 주시니, 오랫동안 찾아 헤매던 것을 이제야 구하게 됐습니다."

운장은 정중히 절을 올리고 인사를 마친 뒤 길을 떠났다.

〈재유(在宥)〉

구름을 의인화해서 운장이라 했고, 자연의 근본 혹은 바람을 의인화해서 홍몽이라 했다. 그리고 부요의 나무란 신성한 나무, 즉 신목(神木)을 의미한다. 홍몽이 자연의 근본이어도 운장에게는 가늠키 어려운 상대요, 바람이어도 거스를 수 없는 커다란 기운이다. 구름이 부릴 수 있는 조화가 사람들에게는 경이롭지만 천지의 품 안이요, 바람 앞의 깃털이다.

사람들의 지지에도 불구하고 운장은 통치에 대한 한계를 느껴, 자연을 잘 운행하고 사람들을 아우를 수 있는 지혜를 홍몽에게 구했다. 하지만 답은 간단해도 실행하기는 어렵다는 것을 알고 있었던 홍몽은 거듭 사양한 끝에 마지못해 방법을 일러 준다. 무위를 실천하라는 것이다.

옛날에 천하를 다스리던 자들은 빼어난 재주가 있어도 쓰려 하지 않았고, 남다른 말재주가 있어도 말을 아꼈다. 세상 구석구석까지 미칠 힘이 있어도 사용하지 않았다.

하늘이 낳으려 하지 않아도 만물은 저절로 생기며, 땅이 애써 키우려 하지 않아도 만물은 저절로 자라며, 제왕이 놓아두어도(무위하여도) 천하는 이루어진다. ─《장자》〈천도〉

구름의 움직임은 물론 바람의 방향조차 결코 천지의 품안을 벗어날 수 없음은 앞에서도 말한 바 있다. 그리고 사람의 지혜는 구름의 움직임도 다 깨달을 수 없다. 그럼에도 사람들은 얼마 안 되는 재주와 지혜에 의지해 섣불리 세상을 다스리겠다고 나선다.

사람 사이의 갈등으로 말미암아 벌어지는 전쟁, 자연과의 조화가 깨져서 나타나는 생태계의 파괴 등이 바로 이 때문에 생긴 결과들이다. 본문에서 운장은 바로 이 점에 대해 고민했던 것이다.

하지만 운장의 고민을 들은 홍몽이 시원스레 답변을 내놓지 않는 까닭을 우리는 알아야 한다. 지혜에 의지한 채 세상을 살아가는 한계를 홍몽은 누구보다 잘 알고 있었다. 운장이 홍몽에게 구하고자 했던 것은 세상을 좀 더 잘 다스릴 수 있는 지혜였으나, 홍몽은 운장이 기대했던 것과는 달리 뜬구름 잡는 답변을 내놓는다. "하늘의 법도를 지키고, 만물의 본성을 존중하라."는 것이다. 여기에 덧붙여 "마음을 크게 갖고, 무위를 실천하라."고도 했다.

뜬구름 잡은 이야기 같지만 이는 현실에서 얼마든지 실천할 수 있는 일이다. 세상과 더불어 살아가야 할 마음들이 좁아져 이기심만 가득한 세태, 얕은 재주와 넘치는 욕심으로 하늘이 정해 준 질서에 함부로 끼어들어 혼란만 가득한 세상, 이 모두를 본래의 평화로운 상태로 되돌리려면 마음을 비우고 자연에 순응해야 한다. 그리고 이는 너무도 당연한 일이다.

제31화 요임금과 봉인

요임금이 화(華) 지방을 돌아볼 때, 국경을 지키는 봉인(封人)이 아뢰었다.

"임금님께 장수의 축복이 내리기를 기원하겠습니다."

요임금이 말했다.

"사양하겠소."

봉인이 다시 말했다.

"부자 되십시오."

요임금이 말했다.

"부자가 되고 싶은 마음도 내게는 없소."

봉인이 말했다.

"아들을 많이 낳으시기를 바랍니다."

요임금이 말했다.

"사양하오."

봉인이 말했다.

"장수와 부와 아들은 모든 사람의 관심사인데 덕담조차 사양하시다니, 그 이유가 도대체 무엇입니까?"

요임금이 말했다.

"아들이 많으면 근심이 늘고, 돈이 많으면 일이 늘며, 오래 살면

수치스러운 일들이 늘어납니다. 이 세 가지는 덕과는 관계가 없기에 사양하는 것이오."

봉인이 말했다.

"임금님을 처음 대했을 때는 성인의 풍모가 엿보였는데, 이제 보니 군자라고 여겨집니다. 하늘은 사람에게 능력에 맞는 직분을 맡깁니다. 아들이 아무리 많아도 각자 할 일이 다른 법인데 무엇을 걱정하십니까. 또한 부자가 된다 해도 남과 나눌 줄 알면 근심할 일이 아닙니다. 성인은 정처 없이 다니면서 어린 새처럼 주는 먹이를 가리지 않고 받아먹고, 어미 새처럼 흔적 없이 날아다닙니다. 천하에 도가 있다면 만물과 조화롭게 번성하겠지만, 만일 도가 없다면 한가롭게 덕이나 쌓으려 하겠지요. 천 년을 살아도 세상이 싫어지면 구름을 타고 하늘로 올라가 천제(天帝)에게 이르면 그만이지요. 근심할 일이 없고, 화를 부를 일을 하지 않는데 부끄러울 일이 뭐가 있겠습니까."

봉인이 떠나려 하자 요임금이 붙들며 말했다.

"좀 더 배우고 싶습니다."

봉인이 말했다.

"그만 물러가시오."

〈천지(天地)〉

요임금은 훌륭한 임금의 전형이자 유가에서는 성인으로 존경하는 인물이다. 그에 비한다면 봉인은 세속의 눈으로 볼 때 보잘것없는 존재다. 하지만 이 글에서는 봉인이 줄곧 요임금을 훈계한다. 낮은 것을 들어 높은 것을 부끄럽게 하면서, 도의 공평함을 일깨워 주고자 하는 장자의 의도가 반영된 것이다.

이 글을 이해하는 또 하나의 열쇠는 성인과 군자의 차이에 대한 것이다. 도가와 유가에서는 성인을 깨달음의 경지에 이른 사람으로 존경한다. 하지만 도가는 유가의 성인을 사람이 정한 도를 깨달은 존재라고 낮추어 보며, 진정한 성인은 하늘의 도를 깨달은 존재여야 한다고 주장한다. 이에 비해 군자는 학식과 인품은 두루 갖췄지만 깨달음의 경지에는 이르지 못하고, 사람들이 정한 도덕과 학식의 기준만을 넘어선 사람이다.

봉인이 소문으로 들었을 때 요임금은 성인이었다. 하지만 직접 만나 대화를 해 보니 세속에 얽매이고 유위의 처세에만 뛰어난 군자에 지나지 않았다. 즉, 성인의 도를 기대하며 덕담을 건넸던 봉인에게 요임금은 한낱 군자의 덕으로 대답했던 것이다. 이 또한 유가에 대한 신랄한 비판이라 할 수 있다.

두 사람의 대화에서 유가가 추구하는 군자의 덕과 도가가 내세우는 성인의 도가 분명하게 다름이 드러난다. 비록 도가의 관점이기는 하지만 요임금의 사양에는 겸손, 절제, 과욕의 덕이 엿보인다. 반면에 이를 나무라는 봉인은 무사(無私), 무집(無執), 무공(無功)한 성인의 도를 말하고 있다. 즉, 성인은 개인적인 욕심에 얽매이지 않고, 어떤 일에도 집착하지 않으며, 어떤 것을 이루려고 애쓰지도 않는다는 것이다.

곰곰 새겨보면 성인의 도가 그리 멀리 있는 것만은 아니다. 봉인의 말대로 남을 존중하고, 재물에 대한 집착에서 벗어나 서로 나누며, 삶과 죽음의 경계를 허물어 순리에 의지한다면, 천하와 조화를 이루어 도가 실현되는 것이다. 다시 말해서 버리려는 마음조차 버려, 모든 집착에서 자유롭게 되면 성인의 도는 현실에서도 바로 이룰 수 있다.

제32화 인도(人道)와 천도(天道)

공자는 가지고 있던 책을 주나라의 서고에 보관하고자 했다. 이에 공자의 제자인 자로(子路)가 자신의 생각을 말했다.

"제가 듣기로는 주나라의 서고는 노담이라는 사람이 관리했었는데, 사직하고 고향으로 돌아갔다고 합니다. 선생님께서 책을 맡기시려면 한번 찾아가시는 것이 좋겠습니다."

공자가 말했다.

"알았다."

그 뒤에 공자는 노담을 만나 배움을 부탁했으나 거절당했다. 다급해진 공자가 12경(十二經)까지 펼쳐 놓고 설명하자, 노담이 불쑥 말허리를 자르며 한마디했다.

"너무 지루하니 요점만 말하시오."

공자가 말했다.

"요점은 인의입니다."

노담이 물었다.

"그렇다면 인의란 사람의 본성을 말하는 것이오?"

공자가 대답했다.

"그렇습니다. 군자는 인으로 이루어지고 의로써 살아가니, 인의가 아니면 무엇을 참된 본성이라고 할 수 있겠습니까?"

노담이 물었다.

"대체 인의란 무엇이오?"

공자가 대답했다.

"기쁜 마음으로 만물과 하나가 되고, 사심 없이 모든 사람을 두루 사랑하는 것입니다."

노담이 말했다.

"모든 사람을 두루 사랑한다는 말은 현실과 너무 동떨어진 이야기라오. 또한 사심이 없다는 말 자체가 사심이오. 그대뿐 아니라 모든 사람들이 언제까지나 순박하기를 바란다면 세상에는 법칙과 위계와 질서가 있음을 알아야 하오. 그대도 덕스럽게 행동하고 도를 추구한다면 그것으로 충분한 것이오. 도망자를 쫓듯이 인의에 매달리는 것은 인간의 본성을 어지럽히는 것이오."

〈천도(天道)〉

무엇을 도라 하는가? 하늘의 도와 사람의 도가 있다. 하는 일이 없어도 귀한 것이 천도요, 하는 일은 있으나 번거롭기만 한 것은 인도다. 군주가 천도라면 신하는 인도다. 천도와 인도는 아득히 멀어 살펴보아야 한다. ─《장자》〈재유〉

이 〈천도〉편에서는 유가를 강하게 반대했던 장자의 태도가 다소 누그러져 나타난다. 구체적으로 살펴보면 유가의 인의와 정명(正名, 이름이나 지위에 맞게 행동함)뿐만 아니라 위계질서조차 인정하는 태도를 보인다. 이는 장자가 인간이 만든 가치 체계나 위계질서도 자연이 만든 질서의 일부라고 여기게 되었기 때문이 아닌가 짐작된다.

인의에 대해서도 비난에서 벗어나 부분적으로 필요성을 인정한다. 다만 이 이야기에서 노자가 문제삼고자 한 것은 집착하는 태도다. 노자는 모든 사람을 두루 사랑하는 것이 가능하지 않다는 것을 알면서도 시도하는 것은 자신을 지나치게 믿는 데서 오는 집착이라고 타이른다. 사심을 갖지 않겠다는 말도 집착이기는 매한가지이기 때문이다.

장자는 공자가 인도를 행하고 있으면서도 마치 천도를 행하는 양 착각하고 있다는 것을 깨우쳐 주고자 했다. 인도와 천도의 경계에는 집착이 있다. 무엇을 하고자 하는 생각과 행동은 집착이며 인도에 해당하는 것이고, 있는 그대로를 받아들이고 순응하는 것은 무위이며 천도인 것이다.

제33화 진리를 담을 그릇은 없다

제나라의 환공(桓公)이 대청에서 책을 읽고 있을 때였다. 대청 아래에서 수레에 매달 바퀴를 깎고 있던 윤편(輪扁)이 하던 일을 잠시 멈추고 환공에게 다가와 말을 건넸다.

"미천한 제가 감히 한 말씀 여쭈어도 되겠습니까?"

환공이 말했다.

"무엇을 말이냐?"

윤편이 물었다.

"지금 읽고 계신 책의 내용이 무엇입니까?"

환공이 대답했다.

"성인이 남기신 말씀이다."

윤편이 다시 물었다.

"성인은 살아 계십니까?"

환공이 답했다.

"일찍이 돌아가셨다."

윤편이 말했다.

"그렇다면 임금께서는 옛사람이 남긴 하찮은 이야기에 관심을 두시는군요?"

화가 난 환공이 말했다.

"무엄하구나. 내가 책을 읽는데 수레바퀴나 깎는 미천한 네놈이 어찌 감히 끼어들어 망발을 늘어놓느냐. 제대로 변명하지 못하면 내가 너를 죽일 것이다."

윤편이 말했다.

"제가 하는 일을 예로 들어 한 말씀 올리겠습니다. 수레바퀴를 너무 작게 깎으면 바퀴집이 헐거워져 빨리 닳고, 반대로 너무 크게 깎으면 끼울 수조차 없습니다. 바퀴집에 알맞게 깎는 기술은 마음으로 느낄 수 있을 뿐이지 말로는 표현할 수가 없습니다. 올바른 이치는 존재와 표현 사이에 있기 때문입니다. 신(臣)은 이러한 이치를 자식에게 깨우쳐 주지 못하여 일흔이 넘도록 수레바퀴를 깎고 있습니다. 옛사람들도 깨달음을 다른 사람에게 고스란히 전하지는 못했

습니다. 그래서 저는 감히 임금님께서 읽으시는 책을 하찮다고 말씀
드렸던 것입니다."

〈천도(天道)〉

이 글이 전하는 교훈은 '언어나 문자라는 그릇이 진리를 담아 내기
에는 부족하다.'는 것이다. 근대 영국의 경험론 철학자인 베이컨 역
시 우상론을 통해 같은 생각을 이야기했다. 베이컨이 말하는 우상
은 한마디로 편견을 의미한다. 그가 말하는 네 가지 우상 가운데서도
'시장의 우상'은 언어가 정확한 의미를 제대로 전달하지 못하는 데서
오는 편견을 가리킨다. 즉, 언어와 사고가 정확하게 일대일로 대응할
수 없기에 편견과 오해가 생길 수밖에 없다고 본 것이다.

언어와 문자의 한계에 대해 뛰어난 통찰력을 지녔던 또 한 사람의
사상가는 현대 독일의 분석 철학자인 비트겐슈타인이다. 그는 언어
가 지닌 실제 의미에 주목하면서 '의미는 사용이다.'라는 유명한 말
을 남겼다. 또한 그는 "한 단어를 이해한다는 것은 그 단어를 사회적
실천에 따라 사용할 수 있다는 것을 의미한다."라고 말했다. 종합해
서 표현한다면 언어의 정확한 의미는 '사용과 실천'으로만 증명될 수
있다는 말이다.

도가에서도 사물에 대한 그릇된 편견을 갖게 될까 봐 지식을 경계
한다. 지식이 더 많은 욕심을 불러일으킨다는 것이다. 그렇기 때문에

도가는 지식에 의존하는 사람은 무위와 자연, 천도에서 멀어진다는 주장을 강하게 내세운다.

한낱 수레바퀴를 만드는 장인인 윤편이 제나라의 왕인 환공에게 죽음을 무릅쓰고 자신의 생각을 밝힌 이유도 바로 여기에 있다. 언어나 문자로는 사람의 마음을 모두 옮길 수 없으며, 사람이 만든 지식이라는 그릇으로는 결코 진리를 모두 담아 낼 수 없다는 사실을, 윤편은 평생 수레바퀴를 깎으면서 깨달은 것이다.

제34화 지극한 인(仁)은 근본에 따르는 것

송나라의 재상 탕(蕩)이 장자에게 인(仁)에 관해 물었다.

장자가 답했다.

"호랑이와 이리가 인입니다."

탕이 놀라며 말했다.

"도대체 무슨 말씀이십니까?"

장자가 대답했다.

"부자가 서로 친하니 인이라 할 수 있습니다."

탕이 말했다.

"인의 가장 높은 경지에 대해 말씀해 주십시오."

장자가 말했다.

"인이 높은 경지에 이르면 특별한 가까움은 없습니다."

탕이 말했다.

"제가 들은 바로는 특별히 가까운 사이가 아니면 사랑이 없고, 사랑이 없는 부자 사이는 불효라 할 수 있는데, 그렇다면 높은 경지의 인은 불효라는 것입니까?"

장자가 말했다.

"그렇지는 않습니다. 인은 생각보다 높은 경지에 있습니다. 효는 인을 넘어선 것이 아니라 인의 경지에 미치지 못하는 것입니다. 남쪽을 향해 걷던 사람이 초나라 수도인 영(郢)에 이르러 북쪽을 바라보면 명산(冥山, 북해에 있는 전설의 산)이 보이지 않는 법입니다. 너무 멀리 갔기 때문에 그런 것이지요.

공경으로써 효도하기는 쉬워도 사랑으로써 효도하기는 어렵고, 사랑으로써 효도하기는 쉬워도 어버이를 잊기는 어렵다고 합니다. 또한 어버이를 잊기는 쉬워도 어버이로 하여금 나를 잊게 하기는 어렵고, 어버이로 하여금 나를 잊게 하기는 쉬워도 천하를 두루 잊게 하기는 어려우며, 천하를 두루 잊기는 쉽지만 천하로 하여금 나를 잊게 하기는 어렵습니다.

무릇 효제(孝悌), 인의(仁義), 충신(忠信), 정렴(貞廉, 마음이 곱고 깨끗함) 등은 힘써 실천해야만 드러나는 덕이기에 바람직하지만은 않습니다.

지극히 귀한 사람은 벼슬도 마다하고, 지극히 부유한 사람은 재물도 마다하며, 만족할 줄 아는 사람에게는 명예도 그저 남의 일일 뿐입니다. 도는 때에 따라 다르게 행하는 것이 아닙니다."

〈천운(天運)〉

당연히 사람에게만 도가 있을 것이라고 생각한 탕이 장자에게 자신의 주장을 인정받을 생각으로 인에 대해 물었다. 하지만 장자에게서 나온 답은 뜻밖이었다. 인은 사람이 따로 정한 품격에 상관없이 어디에나 있다는 것이다. 실망스러운 기색으로 가장 높은 경지의 인에 대해 묻는 탕에게 들려준 '인에는 가까움[친(親)]이 없다.'는 장자의 대답 또한 기대와는 먼 것이었다.

탕은 친한 사람 사이에만 한정된 인을 생각했다. 즉, 인을 가까운 사람에게만 베푸는 덕으로 생각한 것이다. 하지만 장자는 천도로서의 인을 말한다. 탕은 부모에 대한 효를 곧 인으로 여기나, 장자는 이를 사람의 좁은 생각이라고 여기며 오히려 천도인 인을 축소하는 것이라고 보았다.

어디 그뿐인가. 인의, 충신, 정렴 등의 덕목도 장자의 생각에는 사람이 힘써 얻고자 하는 집착에 불과할 뿐이다. 생각이 너무 앞서면 잔잔히 펼쳐진 주변 풍경이 눈에 들어오지 않듯이, 친(親)에만 집착하면 고르게 퍼진 너른 사랑을 깨닫지 못한다.

천도로서의 인을 지닌 사람, 즉 근본을 따르는 사람은 지위, 명예, 재물로부터 자유로우며, 천하 만물과도 마음을 터놓고 교류할 수 있다.

제35화 천도 정치

"옛날의 지인은 인으로 길을 삼고 의에서 잠을 자며 자유로이 노닐었고, 밭에서 나는 간단한 채소로 허기를 달랬으며, 남을 함부로 동정하지 않았다. 무엇에도 매이지 않으니 힘쓸 일도 없고, 소박하였기에 삶이 편했다. 또한 남을 함부로 동정하여 베풀지 않았으니, 옛날에는 이러한 것들을 진리를 깨달은 자의 여유라고 하였다.

부귀를 좋아하는 자는 재물을 양보하지 않고, 출세를 꾀하는 자는 명예에 집착하며, 권세를 누리고자 하는 자는 권세를 넘기려 하지 않는다. 부귀, 명예, 권세는 얻으면 잃을 것이 두렵고, 잃으면 슬퍼지게 마련이다. 그래도 뉘우침 없이 욕심을 낸다면 하늘이 벌할 것이다.

원한과 은혜, 받는 것과 주는 것, 간언(諫言, 웃어른이나 임금에게 옳은 말을 함)과 가르침, 살리는 것과 죽이는 것, 이 여덟 가지는 다스리는 사람의 도구다. 오직 자연의 변화에 따라 막힘 없이 나아가는 사람만이 사용할 수 있다. 그러므로 정치란 바르게 하는 것이며, 그렇지 못한 자는 하늘의 문으로 들어갈 수 없다."

〈천운(天運)〉

지인은 인간이 도달할 수 있는 최고의 경지에 이른 사람으로 진인이라고도 한다. 신인이나 성인과는 의미가 다르다. 지인이나 진인의 초월적인 성격이 신인이며, 성인은 최고의 예지(叡智, 사물을 꿰뚫어보는 뛰어난 지혜)를 갖춘 지배자라는 뜻으로, 진인의 사회·정치적 지위를 강조한 표현이다. 이를 바탕으로 본문을 보면 앞에서는 지인, 뒤에서는 성인에 대해 말하고 있음을 알 수 있다.

장자가 말하는 지인이란 집착에서 벗어나 자연에서 노니는 존재다.

몸을 떠나고 분별을 버려 (하늘과) 크게 통한다.
태어난 이유를 알려 하지 않고 죽어야 하는 이유도 따지지 않는다. 삶에 연연하지 않으며 죽음을 의식하지 않는다. 변하여 무엇이 되더라도 변화를 기다린다. ─《장자》〈대종사〉
자연의 흐름에 순응하고 사사로움을 버린다. ─《장자》〈응제왕〉

성인에 대해서는 다음과 같이 말하고 있다.

성인은 모든 구속에서 벗어나 만물을 포용하여, 만물과 하나 되는 존재다.

성인은 세속을 좇지 않으며 이익을 다투지도 않고, 위험을 애써 피하지 않는다. 어떤 것도 바라지 않으며 무엇에도 구속되지 않는다. 침묵하고 있어도 말을 하는 것 같고, 말을 하여도 침묵하고 있는 것처럼 보인다. 그래서 사람들은 성인의 마음은 진리에서 노닌다고 말한다.

성인들은 세속에서 벗어나 허무(虛無)에 깃들고자 한다. 경영하지 않으며 이익을 좇지 않는다. 위험에 처해도 피하지 않으며 대상에 집착하지 않고 천도를 막지 않는다. —《장자》〈제물론〉

지극히 높은 덕을 갖춘 지인과 예지자로서 천도의 정치를 실천하는 성인은 모든 사람이 지향해야 할 목표다. 세속에 집착하여 다툼을 일삼는 백성이나 그럴싸한 명분을 내세우며 뒤에서는 개인의 이익만 챙기는 정치가들이 판치는 세상일수록 지인과 성인의 천도가 절실히 필요하다.

제36화 버려야 얻는다

마음을 다잡고 세속을 비난하며 자신을 높이는 태도는 초야(草野)에 숨거나 세상을 비관해 목숨을 버리는 사람들에게서 흔히 나타난다. 인의나 충신을 말하고, 공손과 겸손을 실천하는 모습은 평화를 염원하며 가르치는 일에 힘쓰는 학자들에게서 흔히 볼 수 있다. 공을 다투고 위계질서를 강조하며 나라를 강하게 만들려는 사람들은 힘을 앞세워 남을 누르려는 자들이다.

한적하고 공허한 곳에서 사색과 명상으로 시간을 보내는 태도는 은자들이 주로 취한다. 맑은 공기를 마시고 몸을 자연에 맡긴 채 호흡을 통해 기를 순환시키는 모습은 오래 살기를 바라는 사람들이 즐겨 하는 행동이다.

그러나 이와 같은 노력을 기울이지 않고도 집착을 버릴 수 있으면 모든 것을 소유할 수 있다. 무위의 경지에서는 마음의 모든 경계가 사라지며 온갖 미덕이 저절로 갖추어진다. 이것이 바로 천지의 도요, 성인의 덕인 것이다.

〈각의(刻意)〉

아무리 뜻이 높다 해도 그것을 이루기 위해 인위적인 노력에 집중하면 자연의 도에서 멀어진다. 그러면 자연에 기반을 두고 있어야 할 존재는 그 근거가 위태롭게 된다. 이에 대한 장자의 생각은 명확하고 단호하다.

물(物)을 물로써 주재하는 것은 더 이상 물이 아니다.

-《장자》〈재유〉

여기서 '물'은 사물의 개별성(혹은 인간의 개별성)을 의미하는 말로, '물로써 주재한다.'는 말은 인위적인 노력으로 볼 수 있다. 즉, 개별적인 사물이 지닌 문제를 하늘이 내린 본성은 외면한 채 사람의 지혜로만 해결하려 하면 더 이상 본성을 유지할 수 없다는 뜻이다.

욕심이 끼어들면 몸에 힘이 들어가게 되어 무엇을 해도 자연스럽지 못하다. 이는 바로 '물을 물로써 주재하는', 즉 '각각의 사물이 지닌 문제를 사람의 지혜에만 의지해서 해결하려는' 사람들이 흔히 저지르는 잘못이다. 장자는 이러한 잘못을 일삼는 다섯 부류의 사람들을 예로 들어 경계를 삼게 했다. 세상을 비관해 목숨을 내던지는 지사, 사람들을 교화하여 세상을 바로잡겠다는 유학자들, 무력으로 세상을 누르려는 정치가들, 세속과 인연을 끊은 은자들, 불로장생을 염원하는 양생가들이 여기에 속한다.

이 가운데 앞의 세 부류는 한결같이 장자의 비판을 받아 온 사람들이나, 뒤의 두 부류, 즉 은자와 양생가들은 조금 뜻밖이다. 본래 은둔과 수명 연장을 위한 노력은 도가에서 중요하게 내세우는 태도가 아니던가. 하지만 본문에 나타난 장자의 사상은 은둔이나 신선 사상과는 분명 거리가 있다. 장자가 활동했던 시기에는 소극적인 자세로 속세를 벗어나 몸을 숨기거나 피하기보다 오히려 적극적으로 사람들에게 무위의 도를 깨우쳐 주며, 스스로도 실천할 것을 권장했다. 세속을 멀리하거나 초월하려는 은둔과 신선 사상은 도가의 철학이 후대에 이르러 크게 달라져서 나타난 사상임을 알아야 한다.

제37화 본성에 대한 편견

세속적인 학문으로 본성을 닦아 근원으로 돌아가려 하고, 세속적인 생각으로 욕망을 다스려 밝은 지혜를 얻고자 한다. 이런 사람을 가리켜 눈이 가려진 어리석은 사람이라고 한다. 옛날에 도를 닦는 사람은 고요함 속에서 지혜를 길렀다. 지혜가 있어도 지혜를 앞세워 행동하지 않았다. 이를 일러 밝은 지혜로써 고요함을 기른다고 한다. 지혜와 고요함이 잘 어우러짐으로써 본성에 조화와 이치가 생겨나는 것이다.

무릇 덕은 조화이고 도는 이치다. 모든 것을 포용하는 덕이 인이고, 모든 것의 올바른 이치가 의다. 의가 밝아져 만물이 가까워지는 것은 충이다. 마음을 순수하고 성실한 본래의 상태로 돌아오게 하는 것은 악(樂)이다. 내키는 대로 행동해도 절도를 유지하게 하는 것은 예(禮)다. 예악이 형식에만 치우치면 세상이 혼란스러워진다. 저마다 올바름을 지키면 덕은 드러나게 마련이다. 덕이 가려지면 사물은 본성을 잃게 된다.

〈선성(繕性)〉

이 이야기에서는 인간 내면의 자연적인 본성이 회복되어야 함을 강조하고 있다. 하지만 인위적인 노력을 통해 본성을 회복하는 것에는 반대했다.

본문에는 빠져 있지만 이 편의 마무리 구절에 '도치지민(倒置之民)' 이라는 표현이 있다. 이 말은 '세속에 빠져 자신의 본성을 잃어버린 사람은 본말이 뒤바뀌어 마치 물구나무를 선 자와 같다.'는 뜻이다. 다시 말해 인위를 통해 본성을 회복하고자 하는 사람은 '눈이 가려진 어리석은 사람'이며, 본말이 바뀐 것을 모르고 물구나무를 선 채로 살아가는 사람이다. 장자는 이런 본보기로 유가를 지목했다. 유가야 말로 인위적인 노력, 즉 학문과 지혜로써 본성을 회복하겠다는 세속 적인 생각에 사로잡혀 있다는 것이다.

덕은 차별이 아닌 조화이며, 도는 인위가 아닌 자연이다. 유가에 서는 인위로써 인 · 의 · 충 · 예 · 악을 규정한다. 인간을 기준으로 삼고 개인의 도덕성에 초점을 맞춘 것이다. 장자는 인위로써 본성을 회복하려는 유가의 잘못을 지적하며, 차별 없이 모두를 포용하는 덕을 실현함으로써 본성으로 돌아갈 것을 권한다.

장자는 인위의 눈으로 본성이라는 거울을 들여다보면 자신만을 보게 되지만, 무위의 눈으로 보면 고요한 자연이 가득히 들어온다는 사실을 먼저 깨달은 것이다.

제38화 벼랑에 이르러야 바다를 본다

가을에 큰물(홍수)이 질 때면 모든 물줄기는 황하로 흘러든다. 도도하고 큰 흐름은 마주 선 강 언덕을 멀어지게 해서 건너편 말과 소를 구별할 수 없게 한다. 기세가 등등해진 하백(河伯)은 천하의 온갖 아름다움을 모두 가졌다고 생각했다.

물은 동쪽으로 흘러 북해(北海)에 이른다. 시선을 멀리 두어도 끝이 보이지 않는다. 낙담한 하백은 탄식하며 북해의 신인 약(若)에게 말했다.

"속담에 '백 가지 도를 듣고 나면 대적할 자가 없다.'라고 했습니다. 이제 보니 제가 그러합니다. 일찍이 공자의 도는 작고, 백이의 의는 가볍다고 들었으나 믿지 않았습니다. 지금 저는 당신의 비할 데 없이 큰 모습 안에 있습니다. 만일 제가 당신의 넓은 세계에 들지 못했다면 깨달은 자들은 내내 저를 비웃었을 것입니다."

약이 말했다.

"우물 안 개구리는 좁은 곳에 갇혀 바다를 모르고, 여름 벌레는 시절에 갇혀 얼음을 모르며, 재주가 부족한 사람은 배움에 갇혀 도를 모릅니다. 벼랑에 이르러 바다를 대하고서야 자신의 초라함을 깨달았으니, 그대도 이제 세상의 이치를 말할 수 있게 되었습니다. 천하에 바다보다 큰 물은 없습니다. 수많은 물줄기가 흘러들어도 넘치지 않습니다. 틈으로 물이 새기는 해도 마르지는 않습니다. 시절을 좇아 변하지 않으며 모자라지도 넘치지도 않습니다. 황하나 양자강 물을 담고도 스스로 수량을 뽐내지 않았습니다. 천지에 몸을 맡기고 음양에서 기운을 얻을 뿐입니다. 하늘과 땅 사이에 놓인 나는 태산에 놓인 작은 돌, 작은 나무에 불과합니다. 스스로 작다는 것을 아는 내가 어찌 크다고 말할 수 있겠습니까?"

〈추수(秋水)〉

크고 작음은 상대적인 개념이다. 즉, 비교 대상이 있어야 성립되는 개념들이다. 황하의 신 하백은 바다에 이르기 전에는 그 무엇과도 견줄 수 없는 자신만의 크기와 아름다움에 취해 있었다. 가을 날 내린 비로 여러 물줄기가 섞여 들어 기세가 등등해진 황하는 벼랑을 넘어 바다에 이른다. 비할 데 없이 크다고 생각했던 황하가 북해를 만나고 서야 비로소 자신의 한계를 깨달았다. 황하의 신 하백은 자신의 무지를 북해의 신인 약에게 고백했다.

한계에 이르지 못하면 누구도 깨달음을 얻을 수 없다. 하백은 벼랑에 이르러 바다를 보고서야 자신의 처지를 깨달았다. 그러나 크고 작음을 안다는 것이 깨달음의 전부는 아니다. 오히려 크기에 대한 집착은 텅 비어서 크기를 가늠할 수조차 없는 자연에 대한 깨달음을 방해한다.

인간은 강이나 바다를 대하면서 자신이 작고 초라한 존재라는 사실을 깨닫고, 황하는 북해를 만나 비로소 자신의 한계를 알게 된다. 하지만 황하나 북해, 그리고 인간들 역시 자연 앞에서는 태산에 놓인 작은 돌이나 나무 한 그루에 불과하다. 자연 앞에서 크고 작음의 구별은 의미 없는 일이며, 모든 존재는 자연에서 생겨나 자연으로 돌아갈 뿐이다.

제39화 바람은 경계가 없다

외발 짐승인 기(夔)는 많은 다리를 가진 노래기를 부러워하고, 노래기는 뱀을 부러워하고, 뱀은 바람을 부러워하고, 바람은 눈을 부러워하고, 눈은 마음을 부러워한다.

기가 노래기에게 말했다.

"나는 한 다리로 걷느라 몹시 불편한데 당신은 많은 다리로 유연하게 움직이니, 부러운 한편 도대체 어떤 기분일까 궁금합니다."

노래기가 말했다.

"특별한 느낌은 없다네. 자연스럽게 갖추게 된 기관들을 본능적으로 움직일 뿐, 어째서 이렇게 됐는지는 알 수가 없네."

노래기가 뱀에게 물었다.

"나는 다리가 여럿이어서 움직임이 수월한데, 다리도 없이 움직이는 당신에게 미치지 못하니 어쩐 일이지요?"

뱀이 말했다.

"그저 자연이 허락한 대로 움직일 뿐, 없는 다리를 어찌 사용할 수 있겠소?"

뱀이 바람에게 말했다.

"나는 힘들게 몸통을 움직여야 겨우 이동하는데, 그대는 형체도 없이 북해에서 남해까지 단숨에 옮겨 가니 부러울 뿐입니다."

바람이 대꾸했다.

"그렇소. 그대가 부러워하는 것처럼 나는 단숨에 북해에서 남해로 옮길 수 있소. 그러나 나 역시 때로는 손가락 하나도 넘어뜨리지 못하고, 발걸음 한 번 옮기게 하지 못할 때도 있소. 이렇듯 작은 것을 당해 내지 못할 때도 있지만 큰 나무를 쓰러뜨리고, 큰 집을 무너뜨리는 능력이 내게는 있소. 나의 이런 능력은 작은 것에는 지면서 큰 것에는 이기는 방법을 터득한 결과라오. 큰 것을 이기는 이는 오직 성인뿐이오."

〈추수(秋水)〉

앞서 말했던 크고 작음처럼 능력 또한 상대적인 것이다. 비교 대상이 없을 때는 우열이 드러나지 않는다. 기와 노래기, 그리고 뱀은 이동 기능이 서로 다르다. 따라서 서로가 비교 대상이다. 이동 능력만 놓고 본다면 세 동물 사이의 우열은 선명하게 드러난다. 하지만 비교 대상이 이들만 있는 것은 아니다. 형태나 속도를 가늠하기조차 힘든 바람이 있다. 바람은 잠시도 한 곳에 머무르는 법이 없으며, 그렇다고 갈 곳을 정해 놓고 움직이지도 않는다. 그저 어디에서든 잠든 대지를 일으킬 뿐이다.

바람이 그 어떤 비교 대상보다 빠르고도 강한 이유는 늘 빠르고 강하기 때문만은 아니다. 작은 사이로 스미고 좁은 틈을 메울 줄도 알기 때문이다. 작기도 하고 크기도 하기 때문이다. 지기도 하고 이기기도 하기 때문이다.

바람에 경계가 없듯이 '도에는 한계가 없으며', 성인의 도는 대체로 이러하다.

제40화 짝 잃은 장자를 곡하노라

장자의 아내가 죽어 혜자가 조문을 갔을 때, 장자는 다리를 펴고 앉은 채로 쟁반을 두드리며 노래를 부르고 있었다.

혜자가 말했다.

"자식을 키우며 함께했던 아내가 죽었는데 곡은 하지 않고 쟁반을 두드리며 노래나 부르다니, 너무 심하군."

장자가 말했다.

"즐거워서 이러는 것은 아니네. 아내가 죽었을 때 나 역시 슬픔에 가슴이 터질 것 같았네. 하지만 정신을 가다듬고 보니 인간의 생명이나 형체도 무에서 비롯된 것이라는 생각이 들었다네. 그뿐 아니라 형태를 만드는 기조차 처음에는 없었지. 천지가 뒤섞여 있던 혼돈에서 기가 나오고, 기가 변해서 형태를 이루고, 그 형태가 변해서 생명이 생긴 것이 아닌가. 그런데 이제 다시 변화가 진행되어 형태에서 기로, 기에서 혼돈, 즉 죽음으로 돌아간 것이지 않은가. 이는 계절의 순환과 마찬가지 이치라네. 속세의 번잡함에서 벗어나 천지라는 고요한 방에서 편히 쉬려는 사람에게 큰 소리로 곡을 한다면, 내가 천명을 모르는 것이 되지 않겠는가. 그래서 내가 이러는 것이라네."

〈지락(至樂)〉

고대 그리스의 철학자 헤라클레이토스는 "누구도 같은 강물에 두 번 들어갈 수 없다."라는 말로 만물유전(萬物流轉)의 자연관을 나타냈다. 도가 사상 역시 변화와 순환의 세계관을 가지고 있다는 점에서 같은 자연관을 지녔다고 말할 수 있다.

> 어떤 것이 한데 뒤섞여 있는데, 천지에 앞서 생겨났고 고요하고 쓸쓸하다. 홀로 서 있으면서도 (자신을) 바꾸지 않는다. 두루 운행하면서도 위태롭지 않으니 천하의 근원이 될 수 있다. 나는 그 이름을 알지 못한다. 글자를 붙여 '도'라고 하였고, 억지로 이름을 지어 '대(大)'라고 하였다. 크면 멀리 가고, 멀리 가면 멀어지고, 멀어지면 되돌아온다.
>
> ─《도덕경》 25장

여기에 생명을 대입해 보면, 혼돈[도(道)]에서 비롯된 기는 형체, 즉 생명을 이루고, 멀리 가고, 멀어지고, 되돌아온다. 즉, 혼돈으로 되돌아간다는 뜻이 된다.

이와 같은 순환의 자연관에 대해 장자는 좀 더 자세하게 밝혔다.

> 도는 원래 시작과 끝이 없지만 물(物)에는 생사가 있다. ……때로는 비워지고 때로는 차는 것이니, 그 형상이 일정하지 않다. 뜨는 해를 돌려보낼 수 없고 흐르는 때를 잡아 둘 수 없으니, 하나가 끝나

면 하나가 곧 시작된다.

대개 물이 생기면 그 변화가 빨라져서 움직여 변하지 않는 것이 없고 때를 따라 옮기지 않는 것이 없으니, 무엇은 해야 하고 무엇은 하지 말아야 한다는 것이 어디 있겠는가? 본래부터 조화의 자연에 맡겨 변화해 갈 뿐이다.

-《장자》〈추수〉

순환의 도에 순응하면 죽음은 결코 슬퍼할 일이 아니다. 흐름의 일부로서 혼돈으로 돌아가는 것일 뿐이다. 제13화에서도 노자의 죽음에 대하여 '사람들은 순환의 도를 알지 못한 채 자기 설움에 우는 것일 뿐'이라며 의연한 태도를 취했던 진실의 이야기를 소개한 적이 있다. 이 글에서 장자 역시 진실과 같은 생사관을 보여 준다.

조문을 온 혜자는 여느 상가에서와 마찬가지로 상주의 슬픔에서 동병상련의 슬픔을 느끼려 했다. 하지만 기대와는 다른 장자의 쾌활한 태도에 당황했다. 그러고는 자기 설움을 토해 내려던 기회를 놓친 허탈감에 장자를 비난했다. 하지만 '삶과 죽음은 하나임'을 아는 장자는 삶 자체에 만족하고 즐기려는 태도를 멈추지 않는다.

제41화 마음을 비우면 죽음도 피한다

술에 취한 사람은 어쩌다 수레에서 떨어지는 일이 있어도 다치기는 하나 죽지는 않는다. 신체는 술에 취하기 전과 같으나 마음을 놓아 자연과 가까워졌기 때문이다. 수레에 탄 것을 모르니 떨어진 것을 알 리 없다. 놀라움이나 두려움이 없으니 어떤 일을 당해도 무서워하지 않는다.

이렇게 술기운에 기대어 마음을 놓은 사람도 위험을 피해 가는데, 자연의 도에 따르는 마음은 더 말할 것도 없다. 성인은 자연의 도에 몸을 의지하기에 해를 입지 않는다. 원수를 갚으려는 사람도 막야(鏌鋣)나 간장(干將)의 명검은 부러뜨리지 않았고,[2] 분노한 자라도 우연히 머리 위로 떨어진 기왓장에는 화를 내지 않는다. 칼과 기왓장은 무심하기 때문이다. 모두 무심해진다면 천하는 태평해진다. 갈등과 분쟁이 없고 살육과 형벌이 없는 평화로운 세상은 무심에서 나온다. 인위의 도가 아닌 무위의 천도가 열리는 것이다.

천지 자연의 도가 열리면 덕이 생기고, 인위의 도가 열리면 남을

---

2) 간장은 오나라의 유명한 대장장이고 막야는 그의 아내다. 이들은 자신들의 이름을 딴 두 자루의 검을 만들어 그 가운데 막야를 오나라의 왕 합려(闔閭)에게 바쳤다. 검을 받은 왕은 막야에 음기가 서려 있다면서 간장을 죽였다. 훗날 간장의 아들인 미간척은 나그네의 도움으로 아버지의 원수를 갚는데, 그렇다고 아버지를 죽게 만든 명검 막야를 부러뜨리지는 않았다.

해치려는 마음이 생긴다. 무위자연에 따르고 인위의 도에 흘리지 않으면 누구나 진실에 다가갈 수 있다.

〈달생(達生)〉

우리는 이따금 '몸에 힘이 들어간다.'는 표현을 쓴다. 욕심으로 인해 무거워진 마음을 지탱하기 위해 안간힘을 쓰는 몸 상태를 이르는 말이다. 우리의 몸은 자연으로 빚어져 자연으로 살아가다 자연으로 돌아간다. 하지만 세속에 대한 온갖 집착은 마음을 무겁게 만들어 몸의 자연스러운 움직임에 부담만 준다. 힘이 지나치게 들어가 굳어 버린 몸을 풀기 위해서는 욕심을 버려야 한다. 즉, 자연의 마음을 지녀야 한다.

이름과 지혜를 얻으려는 마음을 버리고, 독단과 교묘함도 버려야 한다. 자연의 도를 깨달아 고요한 경지에서 노닐고 자연의 본성을 받아들여야 한다. 또한 스스로 자랑하는 일조차도 삼가게 될 때 이를 공명(空明)의 마음 상태에 이른다고 하는 것이다.

－《장자》〈응제왕〉

이 글에서 말하는 공명의 마음 상태는 세속에 대한 집착을 버리고 자연에 순응하는 마음을 뜻하며, 이 같은 경지를 도가에서는 달생(達

生)이라고 한다. 달생은 스스로 만족하는 마음 상태, 안분지족의 생활 태도와도 같은 뜻이다.

조선 중기의 문신이자 시인인 윤선도가 지은 오우가(五友歌)에는 안분지족을 통해 달생의 경지에 이르려는 삶의 자세가 잘 나타나 있다.

내 벗이 몇이나 하니 수석(水石)과 송죽(松竹)이라.
동산에 달 오르니 그 더욱 반갑구나.
두어라, 이 다섯에 또 더하여 무엇하리.

자연을 벗한 삶은 천도에 가까워 스스로 만족함으로써 무위의 삶을 살게 한다. 하지만 인위에 기대는 마음은 욕심을 자라게 하여 자신의 몸을 해칠 뿐만 아니라 남에게도 해가 된다. 그래서 무위자연하며 분수에 맞게 살아가는 안분지족이야말로 모두를 살리는 하늘의 덕이라고 할 수 있는 것이다.

제42화 최고의 명장은 자연

재경(梓慶)이 나무를 깎아 북 받침대를 만들었다. 완성된 북 받침대를 보고 사람들은 신의 솜씨라고 감탄하였다.

노나라 임금이 물었다.

"너는 대체 어떤 기술로 이것을 만들었느냐?"

재경이 대답했다.

"신은 평범한 목수에 불과해서 특별한 기술은 없습니다. 하지만 굳이 말씀 드리자면 일을 하는 동안 기운을 지나치게 쓰지 않도록 조심하고는 있습니다. 그렇게 하기 위해 일을 시작하기 전에 반드시 몸을 단정히 하고 마음을 차분하게 가라앉힙니다. 사흘을 이와 같이 하면 보상을 바라는 마음이 없어지고, 닷새가 지나면 비난과 칭찬 또는 익숙함과 서투름에 대한 소망이 없어지고, 이레가 지나면 동요가 사라져 내 몸이 있다는 사실조차 잊게 됩니다. 이러한 무심의 경지에서는 어떠한 압력에도 굴하지 않게 되어 조금도 동요하지 않습니다. 무심의 경지에 이른 뒤에는 산속에 들어가 쓸 만한 재목을 찾아다닙니다. 재목을 찾으면 먼저 마음속에서 구상을 하고 일을 시작합니다. 만일 이러한 과정이 제대로 이루어지지 않으면 일을 멈춥니다. 나무와 사람의 본성이 일치해야 솜씨를 발휘할 수 있는 것입니다."

〈달생(達生)〉

재경은 북 받침대를 만드는 장인이었으며, 장인들 가운데서도 솜씨가 가장 뛰어난 명장이었다. 그의 솜씨에 보는 이들마다 감탄을 아끼지 않았는데, 노나라 임금도 예외는 아니었다.

이쯤 되면 우쭐할 만도 하건만 재경의 태도는 한결같이 담담했다. 신의 솜씨를 터득하게 된 비결을 묻는 왕의 질문에도 지극히 평범한 답을 내놓는다. 하지만 평범한 답 속에 명성이나 재물과 같은 세속적인 욕심에 사로잡힌 사람들이 흉내내기 어려운 비범함이 들어 있다.

재경이 신의 솜씨를 발휘할 수 있었던 비결은 마음가짐에 있었다. 제작에 앞서 제사를 모실 때와 마찬가지로 재계를 하며 모든 집착을 끊어 버리는 것이다. 이레를 재계하여 무심 상태에 도달한 뒤에 일을 시작했다. 무심의 경지에 도달한 재경의 손놀림은 인위가 아닌 무위의 손길이다. 즉, 무위로써 무불위(無不爲, 인간의 한계를 뛰어넘어 모든 것을 이루는 자연의 상태)를 행하게 된 것이다.

재경이 일을 하는 태도에서 우리는 최고의 명장이란 다름 아닌 자연이며, 최고의 작품 역시 자연이라는 사실을 깨달을 수 있다.

신라 진흥왕 시절 가장 뛰어난 화가로 존경받았던 솔거(率去)가 황룡사 벽에 그린 노송도(老松圖)는 자연과 너무도 비슷해 새가 날아와 앉으려다 부딪히곤 했다. 그런데 훗날 색이 바래서 단청을 새로 입힌 뒤로는 더 이상 새가 다가오지 않았다고 한다.

재경의 말처럼 재료와 사람의 본성이 일치해야 사람의 것으로 생각하기 힘들 만큼 뛰어난 신품(神品)을 빚을 수 있다. 사람과 재료가

자연으로 하나가 될 때, 자연이라는 명장은 비로소 또 하나의 자연을
빚어 내는 것이다.

제43화 쓸모는 사람이, 수명은 자연이 정한다

장자가 산에서 가지와 잎이 무성한 큰 나무를 보았다. 곁에 선 나
무꾼은 물끄러미 바라만 보고 있었다.

이상하게 여긴 장자가 물었다.

"왜 나무를 베지 않는 것이오?"

나무꾼이 대답했다.

"이 나무는 쓸모가 없소."

나무꾼의 대답을 들은 장자는 '이 나무는 재목이 못 되기에 살아
남았구나.'라고 생각하면서 산을 내려왔다.

장자가 한 친구 집에 머물게 되었다. 벗의 방문을 기쁘게 여긴 친
구는 심부름하는 아이에게 거위 요리를 마련하라고 일렀다.

아이가 물었다.

"잘 우는 거위와 울지 않는 거위 중 어느 것을 잡을까요?"

주인이 말했다.

"울지 않는 것을 잡아라."

다음 날 제자가 장자에게 물었다.

"어제 산에서 본 나무는 쓸모가 없어서 제 명을 다 누린다고 하셨습니다. 그런데 거위는 쓸모가 없어서 죽는군요. 선생님의 입장은 어느 쪽이십니까?"

장자가 말했다.

"나는 쓸모 있는 것과 쓸모 없는 것의 중간으로 하고 싶다. 하지만 중간이라는 것이 도에 가까운 것 같으면서도 멀어서 화를 완전히 면할 수는 없다. 만일 속세를 벗어나 자연에 의지해 살아간다면 달라질 수 있겠지만. 만일 그럴 수만 있다면 명예나 비방도 없고, 용이되거나 뱀이 되기도 하면서 한 곳에 머무르지 않게 된다.

어떤 때는 올라가고 어떤 때는 내려오며 조화의 법도에 따르게 되고, 만물을 근원으로 대하니 그 무엇에도 얽매이지 않는다. 신농(神農)과 황제(黃帝)[3]는 이러한 것을 법칙으로 삼았다. 그러나 만물이 놓인 현실이나 사람이 만들어 낸 도리는 그렇지가 못하다. 모이면 흩어지고, 세워지면 무너지고, 모가 나면 깎이고, 높아지면 구설수에 오르고, 마음먹고 행하면 그릇되고, 현명하면 모함을 받고, 어리석으면 속게 되니 어찌 화를 면할 수 있겠는가. 슬픈 일이다. 자네들

---

3) 신농과 황제는 고대 중국의 전설상의 천자(天子)로, 신농은 중국의 농업·의약·음악·점서(占筮)·경제의 조신(祖神)이며 중국 문화의 원천으로 알려져 있다. 황제는 신농을 대신하여 염제(炎帝)·치우(蚩尤) 등과 싸워 이겨서 천자가 되었다고 한다.

은 자연의 도에 따르는 것만이 화를 면할 수 있는 길이라는 사실을
명심해야 한다."

〈산목(山木)〉

프랑스의 박물학자이자 진화론자였던 라마르크는 "생물은 환경에
대한 적응력이 있어, 자주 사용하는 기관은 발달하고 사용하지 않는
기관은 퇴화하여 없어진다."는 용불용설(用不用說)을 주장했다. 또한
생물은 환경과 습성의 영향을 받아 진화한다고 보았다. 하지만 그의
용불용설을 기반으로 한 진화론도 천재지변에 의해 종이 사라지기도
하고 새로 생겨나기도 한다는 고생물학자 퀴비에의 천변지이설(天變
地異說)에 의해 부정되었다.

이처럼 생명의 기원과 번식에 대해 여러 주장이 있으나 그 어떤 주
장도 절대적일 수는 없다. 라마르크의 진화론이 퀴비에의 천변지이
설에 의해 부정되고, 또한 퀴비에의 주장도 과학적인 엄밀성이 떨어
진다고 비난받듯이 비판의 여지는 어느 학설에나 있는 것이다.

따라서 인간의 지혜가 밝혀 낸 생명과 관련 있는 어떠한 주장이나
비판도 인간이 가진 궁금증을 완전히 해결해 줄 수는 없다. 그 이유
를 장자의 사상에 비추어 말한다면 "자연의 생멸변화(生滅變化), 즉 자
연의 운행은 천도에 따른 것이고, 이를 판단하고 쓸모를 정하는 것은
인도에 속하는 것"이기 때문이다.

인간에게는 존재의 생물학적 의미와 가치를 따져 차별하는 경우가 일상화되어 있다. 라마르크의 견해대로라면 쓸모 있음과 쓸모 없음의 차이가 생명의 유지와 퇴화를 결정한다. 하지만 쓸모의 기준을 인간이 정하는 것은 자연스럽지 못하다. 모든 생명에는 자연이 정해 준 수명과 쓸모가 있다. 이들에게 인위의 칼을 들이대고 편리를 위해 생명을 거두려 하는 것은 자연의 이치를 거스르는 것이다. 이와 같은 행위는 결국 자신의 생명도 인위적인 판단에 맡긴 꼴이 되어 자연이 허락한 수명을 보장받을 수 없게 만든다.

> 옳다고 하는 바를 따라 옳다고 하면 만물로서 옳지 않은 것이 없을 것이요, 그르다고 하는 바를 따라 그르다고 하면 만물로서 그르지 않은 것이 없다.　　　　　　　　　　　　　　-《장자》〈추수〉

사물의 옳고 그름, 쓸모 있음과 없음의 기준은 오로지 자연만이 알고 있다. 이를 거스르는 인간의 오만이 화를 불러 각종 재해가 일어나거나 자연이 허락한 수명조차 누리지 못하는 결과를 가져온다. "인위적인 판단에 얽매여 살아가는 것은 항상 위험에 자신을 내놓은 채 살아가는 것과 같다."라고 장자는 말한다.

제44화 가장 뛰어난 화장술은?

양자(陽子, 전국 시대의 학자)가 송나라에 갔을 때 어떤 주막에서 겪은 일이다. 주막의 주인에게는 두 명의 첩이 있었는데, 한 명은 미인이고 또 다른 한 명은 추녀였다. 그런데 주인은 뜻밖에도 추녀를 예뻐하고 미인은 구박하였다.

이상하게 생각한 양자가 주인에게 이유를 물었다.

주인이 그 까닭을 말했다.

"미인은 자신의 외모만 믿고 건방지게 행동합니다. 그런 그녀가 제 눈에는 아름답게 보이지 않습니다. 그러나 못생긴 여자는 자신이 못생겼다는 것을 알고 겸손하게 행동합니다. 이런 모습 때문에 저는 그녀를 좋아합니다."

양자가 말했다.

"제자들아, 명심해라. 뛰어난 능력을 발휘하면서도 겸손하게 행동하면 어디서나 사랑을 받을 수 있는 것이다."

〈산목(山木)〉

사람들의 주관적 가치가 만들어 낸 상대적 개념의 대표적 사례가 아름다움과 추함이다. 아름다움과 추함은 비교할 대상이 있어야만 생겨나는 개념이다. 그렇기 때문에 아름다움과 추함에 있어서 모든 시대나 상황에 다 적용되는 절대적인 기준이란 없다.

그러므로 미모에 대한 과시와 집착은 자연스럽지 못한 행위라고 할 수 있다. 자연은 본래 그 어떤 차별도 만들지 않았다.

> 그러므로 작은 풀과 큰 나무, 못생긴 여인과 아름다운 서시(西施, 중국 월나라의 미인), 그밖의 특이하거나 유별나다고 생각되는 모든 일들이 도의 관점에서 보면 하나로 통한다. −《장자》〈제물론〉

차별에서 비롯된 갈등을 극복할 수 있는 최선의 덕목은 겸손이다. 겸손은 받아들이는 마음이다. 자연이 허락한 처지를 받아들이고, 다른 사람들이 가하는 부당한 차별도 받아들인다. 겸손의 덕을 실천하는 사람의 얼굴은 평화롭고 자연스럽다. 하지만 우월함을 드러내려는 사람의 얼굴은 냉정하고 부자연스럽다. 다른 사람에게 호감을 주는 외모로 바꾸고자 한다면 그 비결이 겸손한 마음임을 알아야 한다.

제45화 제후보다 진인

견오가 손숙오(孫叔敖)에게 물었다.

"선생께서는 세 번이나 영윤(令尹, 재상)의 자리에 오르셨지만 영광

으로 여기지 않으셨고, 세 번이나 자리에서 내몰리셨지만 근심하는
기색을 보이지 않았습니다. 처음에는 선생의 태도가 위선이 아닐까
생각했지만, 이제 보니 진심으로 기뻐하고 계십니다. 대체 선생께
서는 어떻게 마음을 쓰시기에 이와 같을 수 있습니까?"

손숙오가 대답했다.

"그렇다고 내가 다른 사람보다 우월한 것은 아니오. 나는 단지 내
게로 오는 것을 물리치지 못하고, 가는 것을 붙잡지 못할 뿐이오.
또한 지위를 얻고 잃음은 내 뜻대로 되는 것이 아님을 아는데 근심
한들 무엇하겠소.

사람들이 나에게 경의를 표하는 이유가 나의 됨됨이 때문인지 아
니면 영윤이라는 벼슬 때문인지 그조차도 알 수 없는 일이오. 홀가
분한 마음으로 세상을 둘러보려는 내게는 세속적인 부귀나 비천에
마음을 쓸 여유가 없소."

이 말을 전해 들은 공자가 자기 생각을 이야기했다.

"옛날의 진인은 지혜로도 설득되지 않았고, 미인도 유혹하지 못했
으며, 도둑이 감히 접근하지 못했고, 복희(伏戱, 고대 중국의 제왕)나 황
제라도 친구로서 사귈 수가 없었다. 사람에게 있어서 가장 큰 문제
인 생사도 초월했는데, 벼슬이나 봉록은 말해 무엇하겠느냐.

진인의 경지에 이르면 큰 산도 정신의 흐름을 가로막지 못하고,
깊은 못이나 샘물에도 젖지 않으며, 비천한 자리에 있어도 고달프

지 않고, 마음이 천지에 미치지 않는 곳이 없다. 남을 위해 모든 것을 아낌없이 내어 주지만 자신은 오히려 더욱 풍부한 경지에 이르게 된다."

〈전자방(田子方)〉

《논어》의 〈공야장〉편에 보면, 손숙오는 초나라 장왕 때의 훌륭한 재상인 자문(子文)이라고 나온다. 그가 재상의 자리도 대수롭지 않게 여긴 데다가, 공자로부터 높은 평가를 받은 사실로 미루어 볼 때, 그는 완전한 덕을 지닌 진인에 가까운 인물이었다고 할 수 있다. 장자는 세상을 대하는 진인에 대해 〈대종사〉편에서 다음과 같이 말했다.

진인은 절대로 거역하지 않으며, 자신의 공로를 드러내지도 않고, 그 어떤 일에도 의미를 두지 않는다. 또한 때를 놓쳐도 후회하지 않으며, 마음먹은 대로 일이 진행되어도 자만하지 않는다. 그렇기 때문에 권력 앞에서도 당당하며……, 오직 알기에 힘써 도의 경지에 이른다.

세상 사람들은 인생이라는 한바탕의 봄꿈에 취해 살면서 권력을 다툰다. 높은 지위에 오르기 위해 권모술수를 일삼고, 남에게 못할 짓을 서슴지 않고 저지른다.

하지만 진인은 깨어 있기에 그 어떤 달콤한 유혹에도 흔들리지 않는다. 생사도, 부귀와 비천도, 지위와 봉록도 진인에게는 아무런 의미가 없다. 진인은 세속의 하찮은 가치를 버리고, 자연의 흐름에 몸을 맡긴 채 무한의 자유를 누리는 존재인 탓이다.

제46화 흐르는 강물처럼

지(知)가 북쪽의 현수(玄水)라는 강물에서 놀고 난 뒤 은분(隱弅)이라는 언덕에 올랐을 때 무위위(无爲謂)를 만났다.

지가 무위위에게 물었다.

"당신을 만나면 꼭 물어보고 싶은 것이 있었소. 어떻게 생각하고 얼마나 궁리해야 도를 알게 되고, 어디에 머물고 어떤 행동을 해야 도에 머물 수 있으며, 무엇을 좇고 어떤 방법을 써야 도를 깨달을 수 있겠소?"

세 번을 물었으나 무위위는 아무 대답이 없었다. 일부러 대답하지 않은 것이 아니라 답을 몰랐던 것이다. 지가 아무런 대답을 듣지 못한 채 백수(白水)의 남쪽을 돌아서 호결(狐闋)이라는 언덕에 올랐을 때 광굴(狂屈)을 만났다. 지가 무위위에게 했던 것과 같은 질문을 하자 광굴이 대답했다.

134

"아, 그거라면 내가 잘 아니 말해 주겠소."

하지만 광굴은 답변할 말을 잊고 머뭇거렸다. 광굴에게서도 원하는 대답을 듣지 못한 지는 제궁(帝宮)에 들어가 황제에게 물었다. 황제가 대답했다.

"깊이 생각하지 않아야 비로소 도를 알고, 일정한 거처가 없고 행함이 없어야 도에 머물 수 있으며, 목표가 없고 의도가 없어야 비로소 도를 깨달을 수 있다."

지가 다시 황제에게 물었다.

"황제와 저는 도에 대해서 알지만 광굴과 무위위는 알지 못하니, 대체 누가 옳은 것입니까?"

황제가 대답했다.

"무위위는 도를 아는 것이고 광굴은 도에 가까운 것이다. 하지만 그대와 나는 도의 근처에도 이르지 못했다. 무릇 도를 아는 자는 말로 표현하지 않고, 말로 표현하려 하는 자는 도를 모르는 것이다. 그러므로 도는 말로써 이룰 수 없고 덕은 인위로써 도달할 수 없는 것이기에, 성인은 말로써 표현할 수 없는 가르침을 실천한다.

인은 행하기에 부족함이 없으나 의는 때로 사람에게 해를 끼치는 결함이 있고, 예는 겉치레로 흘러 서로를 속일 수도 있다. 그러므로 도를 잃고 난 뒤에야 덕이 생기고 덕을 잃고 난 뒤에야 인이 생기며, 인을 잃고 난 뒤에야 의가 생기고 의를 잃고 난 뒤에야 예가 생긴다. 예는 도에 속하지 않는 겉치레에 불과해 도를 어지럽히는 근본이라고 할 수 있다. 그러므로 도를 닦는 자는 인위가 날로 줄어들어, 더 이상 줄어들 것이 없으면 무위의 경지에 이르는 것이다. 이 무위의 도를 실천하면 천하에 무슨 일이든 이루지 못할 것이 없다.”

〈지북유(知北遊)〉

지와 광굴, 그리고 무위위는 도에 대한 올바른 내용을 설명하기 위해 의인화하여 만들어 낸 존재들이다. 도를 깨닫고 도를 실천해야 한다는 내용에 비추어 볼 때, 이에 가장 가까운 존재가 무위위고, 다음이 광굴이며, 도와 상관없이 한 줌 지식만을 뽐내는 존재가 지인 것이다.

무위위는 자연의 이치에 대해 겸손한 척하며 답을 피한 것이 아니다. 무위위는 정말 모르기 때문에 아무런 답변도 할 수 없었을 뿐이다. 만일 무위위가 모르면서도 아는 척했다면 광굴과 같은 존재일 것이며, 무엇이든 알려고 덤비는 존재라면 지와 같은 존재일 것이다. 한마디로 무위위는 무지하기 때문에 무위한 존재이며, 도에 가장 가까운 존재라고 할 수 있다.

이에 비해 광굴은 설익은 지식을 갖춘 사람이다. 마치 천도를 아는 것처럼 행동하지만, 실상 근본적인 물음에는 입을 닫고 마는 유약한 지식인에 불과하다. 지는 세속에 얽매인 채 살아가는 평범한 인간을 상징한다. 구별과 차별에 익숙한 탓에 자신의 위치에 만족할 수 없어 늘 새로운 지식을 원하는 존재다. 하지만 지식을 아무리 많이 받아들여도 늘 아쉬울 뿐이다. 왜냐하면 알고 싶은 욕심을 함께 가져다주기 때문이다.

무위위는 앎이 없기에 자연의 모습으로 자연과 더불어 살아가면 그만이다. 하지만 광굴은 자신의 지식을 알아줄 대상에 매달리고, 지는 지식에 대한 갈증을 풀어 줄 대상을 찾기에 급급하다.

지가 현수와 백수를 떠나 은분과 호결에서 무위위와 광굴을 만난 것은 남보다 앞서 세상 사는 이치를 깨우치고자 하는 욕심 때문이었다.

지식은 욕심을 갖게 하므로 인간을 자연에서 멀어지게 하며, 인간관계도 복잡하게 만든다. 따라서 인위에 집착하게 만드는 지식을 덜어 내고 멀리해야 본연의 순수함을 회복할 수 있으며, 도에 가까이 다가설 수 있다. 배우고자 하는 욕심을 키우는 것보다 무심히 흐르는 강물처럼 지식을 갖고자 하는 욕심마저 잊고 흐르는 것이 도에 가장 가까운 삶이라는 것을 명심해야 한다.

제47화 한 우물을 파라

초나라의 대사마(大司馬, 군대를 맡아 보던 벼슬 이름) 밑에 쇠를 두드려 띠 장식을 만드는 사람이 있었는데, 나이가 80이 넘었는데도 빼어난 솜씨를 자랑했다.

대사마가 물었다.

"그대는 나이가 많은데도 뛰어난 솜씨를 발휘하니, 무슨 비결이라도 있는 것인가?"

노인이 대답했다.

"신은 지키는 것이 있습니다. 신은 20세부터 쇠로 된 띠 장식을 벼리기를 좋아해, 다른 일에는 전혀 관심을 두지 않았습니다."

장인의 말을 곰곰이 생각해 보면, 자신의 기술이 가장 뛰어나다는 확신이 있었기에 지금의 경지에 이를 수 있었다는 얘기다. 한 가지 일에만 전심전력하는 사람은 모두 이와 같은 것이다. 확신을 갖고서 한 가지 일에 집중한다면 무엇인들 못 이루겠는가.

〈지북유(知北遊)〉

"재주 많은 사람이 밥 굶는다."라는 말이 있다. 재주가 하나밖에 없다면 한 분야에 집중해 전문성을 기를 수 있다. 그러나 여러 가지 재주를 가진 사람은 집중보다는 선택에 익숙해 그 어떤 분야에서도 자기

몫을 다하지 못한다. 이 글에 등장하는 노인은 무려 60여 년 동안 한 우물만 팠다. 쇠를 벼려 띠 장식을 만드는 일로 평생을 보낸 것이다.

노인의 이런 모습이 주위 사람들의 눈에는 바보같이 보일 수도 있다. 하지만 노인은 신경 쓰지 않고 자신이 좋아서 선택한 일에 최선을 다함으로써 최고의 경지에 이르렀다. 만일 노인이 중간에 자신의 또 다른 재주를 깨달아 다른 길로 갔다면 명장이 될 수 있었을까?

인간은 불완전한 존재이기 때문에 능력에도 한계가 있다. 한 가지 일에만 집중해도 목적한 바를 이루는 사람은 적다. 재주가 익으면 성취욕도 함께 커지기 때문이다. 하물며 여러 가지 일을 한꺼번에 한다면 그 결과는 명백하다. 어떤 일도 충분히 이뤄 내지 못할 것이다.

도에 이르는 과정도 다를 바가 없다. 남다른 지혜를 가졌다고 해서 도의 경지에 먼저 이를 수 있는 것은 아니다. 오히려 지혜나 재주는 인위에 더욱 의존하게 하여 자연에서 멀어지게 한다. 자신의 재주를 자랑하지 않고 겸손히 맡은 일에 충실한 사람은 인위보다 자연이 내려준 본성에 의지하기에 도에 가깝다고 할 수 있다.

노인이 한평생을 바쳐 쇠를 벼려 띠 장식 만드는 일에 몰두한 것은 결코 명성과 지위를 얻고자 함이 아니었다. 하늘이 자신에게 내린 유일한 재주라는 생각을 갖고, 모든 노력을 다함으로써 천도에 가까워진 것이다.

3

잡편(雜篇)

땅 위에 누이면 까마귀나 솔개가 탐하고, 땅속에 누이면 벌레가 탐하는 것은 당연한 자연의 이치이거늘, 어찌 이를 막으려 한단 말이냐. 억지로 공평하게 한다면 이는 불공평한 것이요, 자연이 아닌 인간의 지혜에 의지한 감동은 감동이라고 할 수 없다. 지혜가 밝은 사람도 오로지 남의 심부름만 하는 셈이고, 하늘의 뜻을 아는 사람이라야만 올바른 깨달음을 얻을 수 있다.

3. 잡편(雜篇)

제48화 자연인 경상초

경상초(庚桑楚)는 노담의 제자였다. 그는 한동안 노담에게서 가르침을 받은 뒤에 북쪽에 있는 외루(畏壘)라는 산간 마을에서 살았다. 그는 이상하게도 영리하고 지혜로운 부하나 어질고 예쁜 첩들을 멀리하고, 어리석고 못생긴 사람들을 가까이 두고 살았다. 경상초가 외루에 들어와 산 지 3년이 지날 무렵, 마을에 큰 풍년이 들었다. 모처럼 풍성한 수확을 거둔 마을 사람들은 경사가 생긴 원인을 이야기하다 경상초에게 그 공을 돌렸다.

"경상초가 처음 이곳에 왔을 때, 그의 이상한 행동은 우리를 놀라게 했지. 그는 우리를 위해 아무런 일도 하지 않았는데 이처럼 경사가 이어지니 어찌 놀라지 않겠는가. 그는 틀림없이 성인일 걸세. 그를 왕으로 모셔 섬겨야 하지 않겠나?"

이 말을 전해 들은 경상초는 노담이 있는 남쪽을 바라보고 앉아 깊은 생각에 잠겼다. 기뻐해야 할 스승이 뜻밖에도 시름에 잠긴 모습을 보이자 제자들이 당황하며 그 이유를 물었다.

경상초가 대답했다.

"너희들은 왜 내가 이상하다고 생각하느냐? 봄에는 양기(陽氣)가 성해 모든 초목이 싹을 틔우고, 가을이 되면 온갖 열매가 열리게 마련이다. 자연의 도가 없다면 계절의 변화가 어떻게 일어나겠느냐? 지인은 작은 방에 죽은 듯이 앉아서도 백성들을 감화시키나, 그에게 감화된 백성들은 제멋대로 행동하면서 지인의 덕을 곧 잊어버리고 만다.

외루 마을 사람들이 나를 현인으로 높이는 것도 이와 무엇이 다르겠느냐? 만일 내가 이를 수락한다면 나는 무위자연의 경지를 떠나 세속의 표적이 될 것이다. 이것은 노담 선생님의 가르침에서 크게 벗어나는 것이다."

〈경상초(庚桑楚)〉

이 글의 내용으로 미루어 보면 경상초는 지혜가 그리 뛰어나지는 않았으나, 강직한 성품에 스승에 대한 예의가 깍듯했던 사람이었던 것 같다. '한동안 노담에게서 가르침을 받은(원문에는 '노담의 도를 일부 깨우치고'라고 되어 있다)'이라는 대목과 스승인 노자의 도를 들어 제자들의 권유를 거절하는 대목에서 이런 추측이 가능하다.

도가에서는 지혜와 지식을 낮추고 자연의 이치에 순응하며 살 것을 권하는데, 이 글에 나타난 경상초의 말과 행동을 보면 도가에서 권하는 삶과 같음을 알 수 있다.

이미 노자를 통해 무위자연의 천도를 맛본 경상초에게는 지도자의 지위도 현인으로 존경받는 것도 관심 밖이다. 하지만 오랫동안 인간의 지혜에만 의지해 살아온 마을 사람들에게 경상초의 삶이 특별하게 보이는 것은 너무도 당연하다.

만일 마을에 나쁜 일이 일어났어도 경상초는 그 유별남 때문에 구설수에 올랐을 것이다. 천도에 의지하는 삶은 모든 변화를 자연의 섭리로 받아들이지만, 인위에 의지하는 삶은 모든 변화를 사람의 덕과 연결 지으려 하기 때문이다.

이런 점에서 경상초는 자신을 왕으로 모시려는 사람들을 보면서도 도리어 시름에 잠겼던 것이다. 그에게 세속의 부귀영화란 한낱 껍데기일 뿐이다.

제49화 함께 가는 길

예(羿)는 활 솜씨가 뛰어나 자기 앞을 지나는 새는 반드시 쏘아 맞혔다. 그러나 천하를 새장으로 본다면 세상의 모든 새를 가둘 수 있다. 탕왕(湯王)은 포인(庖人)을 써서 이윤(李尹)을 휘하에 둘 수 있었고, 진나라의 목공(穆公)은 양가죽 다섯 장으로 백리해(百里奚)를 거느

144

릴 수 있었다. 이로 미루어 보면 상황에 맞게 행동하는 것이 성공을
이루는 길임을 알 수 있다.

〈경상초(庚桑楚)〉

세상에는 각 분야에서 뛰어난 능력을 발휘하여 이름을 떨치는 사
람들이 많이 있다. 또한 이러한 사람들을 가리키는 말들도 여럿이다.
명인, 명장, 명수, 장인, 숙수 등. 하지만 제아무리 솜씨가 뛰어난 사
람이라도 자연 그대로를 만들어 내지는 못한다. 남이 함부로 따라
올 수 없는 경지에 이르렀어도, 이는 자연의 모사나 모방에 지나지
않는다. 그럼에도 불구하고 사람들은 제각각의 재주를 뽐내려고만
한다. 천연에 비하면 모조에 불과한 솜씨인데도 사람들의 칭찬에 홀
려 스스로 인위의 구속에 빠진다.

예는 비록 활의 명수지만 눈앞을 나는 새를 쏘아 맞힐 수 있을 뿐
이다. 이에 비해 세상 전체를 바라보는 지인은 창공을 누비며 나는
모든 새를 천하라는 새장에 가둘 수 있다. 고대 중국의 은나라를 세
운 탕왕이 어진 재상 이윤의 도를 존중하고, 진나라의 군주였던 목공
이 그의 어진 신하 백리해의 도를 알아주었기에, 하늘은 이들이 목적
을 이루도록 허락했다. 조리사 정의 능숙한 칼 솜씨나 북 받침대를
만드는 장인의 뛰어난 손놀림, 그리고 띠 장식 명인의 올곧은 정신은
재료에 깃든 도를 존중했기에 빛을 발할 수 있었다.

만물이 나아가고자 하는 방향을 이해하고 함께 가고자 할 때, 서로의 도는 일치할 수 있는 것이다.

제50화 관포지교(管鮑之交)

관중(管仲)이 병이 났을 때, 제나라의 환공(桓公)이 걱정어린 기색으로 물었다.

"그대의 병이 몹시 위중해 보여 도리가 아닌 줄 알면서도 묻겠소. 그대가 회복하지 못한다면 과인은 누구에게 국정을 맡겨야 하겠소?"

관중이 말했다.

"임금님께서는 누구를 마음에 두고 계십니까?"

잠시 생각한 뒤에 환공이 대답했다.

"포숙아(鮑叔牙)가 어떻겠소?"

관중이 대답했다.

"포숙아는 적당하지 않습니다. 그는 착하고 청렴결백하기는 하나 자기만 못한 사람을 멀리하고 남의 잘못을 평생 탓하는 성품입니다. 만일 그가 나랏일을 책임진다면 위로는 임금님의 뜻을 어길 것이고, 아래로는 백성들의 기대를 저버릴 것입니다. 이로 인해 임금님께 잘못을 저지르게 될 것입니다."

심각하게 듣고 있던 환공이 다시 물었다.

"그렇다면 누가 좋겠소?"

관중이 대답했다.

"습붕(隰朋)이 적당합니다. 그는 윗사람의 눈치를 보지 않으며, 아랫사람을 무시하지 않습니다. 자신의 부덕을 부끄럽게 여기고 어려운 사람을 즐겨 돕습니다. 성인은 모든 사람과 더불어 덕을 나누고, 현인은 재능을 나눕니다. 자신이 현인이라고 해서 남의 위에 서고자 한다면 백성들이 저항할 것이요, 지나치게 몸을 낮추면 백성들이 따르지 않는 법입니다. 도에 따라 행하면 집안일은 물론 나랏일을 맡아도 비난 살 일이 없습니다. 이에 가장 가까운 인물이 습붕이라 생각하오니 기꺼이 쓰시기를 바랍니다."

〈서무귀(徐无鬼)〉

춘추 시대 초기, 제나라에 관중과 포숙아라는 두 관리가 있었다. 이들은 죽마고우였다. 그런데 서로 모시는 공자(公子, 제후의 아들)가 달라, 관중은 한때 공자 소백(뒷날의 환공)을 암살하려 했었다. 하지만 소백이 먼저 귀국하여 제나라를 다스리는 환공이 되자, 노나라에 공자 규의 처형과 아울러 관중의 압송을 요구했다. 환공이 압송된 관중을 죽이려 하자 포숙아가 이렇게 말했다.

"전하, 제나라만 다스리는 것으로 만족하신다면 신으로도 충분할 것이옵니다. 하오나 천하를 다스리고자 하신다면 관중을 기용하시옵소서."

도량이 넓고 식견이 높은 환공은 신뢰하는 포숙아의 말을 받아들여 관중을 대부로 등용하고 정사를 맡겼다.

관중은 훗날 포숙아에 대한 감사의 마음을 이렇게 적고 있다.

젊어서 포숙아와 장사를 할 때 늘 이익금을 내가 더 많이 차지했으나, 그는 나를 욕심쟁이라고 말하지 않았다. 내가 가난하다는 것을 알고 있었기 때문이다. 또한 함께 했던 사업이 실패하여 그를 궁지에 빠뜨린 일이 있었지만 나를 원망하지 않았다. 일에는 성공과 실패가 있다는 것을 알고 있었기 때문이다. 또 벼슬길에 나갔다가 물러나곤 하는 나를 보며 무능하다고 말하지 않았다. 내게 운이 따르지 않는다는 것을 알고 있었기 때문이다.

어디 그뿐인가. 싸움터에서도 도망친 적이 한두 번이 아니었지만, 그는 나를 겁쟁이라고 말하지 않았다. 내게 늙은 어머니가 계시다는 것을 알고 있었기 때문이다. 나를 낳아 준 분은 부모지만 나를 알아 준 사람은 포숙아다.

―《열자》〈구명〉

관중과 포숙아의 우정은 본보기가 될 만큼 두터웠다. 이해관계를 떠나 서로를 배려하고 자기 몫을 기꺼이 양보할 수 있다니 얼마나 아름다운 사이인가. 이에 비추어 볼 때 병든 자신을 대신해 포숙아를 기용하고자 하는 환공의 뜻에 반대하는 관중의 태도는 뜻밖이다. 어려울 때 포숙아의 적극적인 도움과 배려가 없었다면 관중은 목숨을 잃었거나 구차하게 살아야 했을 것이다. 됨됨이를 알아주고, 이익을 양보하며, 신뢰로써 친구를 지킨 포숙아가 관중에게는 은인임에 틀림없다.

그럼에도 불구하고 포숙아의 출셋길을 막고 나서는 관중의 뜻은 무엇일까. 이는 관중이 공과 사를 엄격히 구별하였음을 나타낸 것이라고 볼 수 있다. 포숙아가 비록 자신에게는 둘도 없는 친구이자 은인이지만, 한 나라의 국정을 이끄는 재상의 재목은 아니라고 판단한 것이다.

가장 훌륭한 인사는 인재를 가장 어울리는 자리에 앉히는 것이다. 재목이 못 되는 사람에게 큰일을 맡기면 일도 그르치고 사람도 상하게 된다. 이를 잘 아는 관중으로서는 나랏일과 우정을 모두 지키는 선택을 할 수밖에 없었던 것이다. 공과 사를 명백히 가르며, 친구와 나라를 모두 온전케 하려는 관중의 태도는 인을 실천함과 동시에 천도에 의지하고 살아가는 현인의 모습에 가깝다고 할 수 있다.

제51화 성(聖)과 속(俗)

성인은 얽히고 설킨 만물과 복잡한 세상사에도 두루 밝아 모든 것을 꿰뚫어 안다. 그러면서도 성인은 자신의 경지를 의식하지 않는다. 오로지 하늘을 스승으로 여기고 천명에 의지하니, 사람들에게 성인으로 존경을 받는 것이다.

사람들은 자신의 얄팍한 지혜에만 의지하려 드니, 행동에 일관성과 지속성이 없다. 비록 거울을 통해 일찍이 자신의 생김새에 대해 알게 된 사람도 비교 대상이 없으면 자기 생김새가 남다르다는 것을 알지 못한다.

자신의 남다른 생김새에 대해 알든 모르든, 또는 이에 대한 남들의 평을 듣든 못 듣든 생김새는 변함이 없는 것이며 남들의 평가도 따르게 마련이니, 이는 사람이 천성을 지니고 태어났기 때문이다.

다른 사람에 대한 사랑이 각별한 존재를 성인이라고 부르는데, 정작 성인 자신은 사람들이 일러 주기 전에는 이를 알지 못한다. 하지만 사람들의 자신에 대한 평가를 알건 모르건 간에 사람들에 대한 성인의 사랑은 변함이 없다. 사람들이 성인의 곁에서 평화를 느끼는 것은 이와 같은 변함 없는 사랑 때문이니, 이는 곧 성인의 천성이다.

〈즉양(則陽)〉

본성에는 성(聖)스러움과 속(俗)됨이 있다. 애초에 하늘에서 받은 성을 천성이라 한다. 이 천성이 자연의 흐름에 얹히면 성이고, 인위에 사로잡히면 속이 된다. 또한 속을 초월해 있으면서 자신이 도달한 경지를 내세우지 않음이 성이다. 반대로 천성을 잊고 남과 비교하기를 좋아하며 성과에 매달리는 것은 속에 해당된다. 이로 미루어 성인은 자연의 흐름을 좇아 천성을 드러내면서도 자신을 잊고 사는 존재임을 알 수 있다.

본문이 실린 〈즉양〉편의 또 다른 구절에도 이와 같은 내용이 나온다.

성인은 얽매이지 않으며, 만물을 한결같이 대하지만 그 까닭을 모르는데, 이는 천성이다. 모든 행동이 자연을 근본으로 삼으니 사람들이 성인이라고 부른다. 지혜는 한계로 말미암아 근심만 가져다 주며 이조차도 오래 지속되지 못하니, 이는 어쩔 수 없는 일이다.

성인의 사랑은 각별하다. 의도와 바람이 없으니 더욱 각별하다. 타고난 성품으로 말미암아 남을 의식해서 자신을 드러내지 않으니, 사람들은 그에게서 편안함을 느낀다. 따라서 자신도 의식하지 못한 채 말 없이 베푸는 사랑은 성인의 몫이며, 의도를 가지고 자신을 드러내며 베푸는 사랑은 속인의 몫이다. 성인의 사랑은 언제나 편안함을 주나, 속인의 사랑은 때로는 고통스럽게 느껴지는 것이 바로 이 때문이다.

제52화 무위이무불위(無爲而無不爲)

소지(小知)가 대공조(大公調)에게 물었다.

"구리지언(丘里之言)의 뜻이 무엇인가?"

대공조가 답했다.

"구리(丘里)는 촌(村)과 리(里)를 뜻하며, 서로 다른 열 개의 성씨와 백 가지의 서로 다른 이름을 가진 사람이 모여서 하나의 풍속을 이루고 사는 마을을 가리키는 말이네. 서로 다른 사람들이 모여서 하나가 되었다가도 흩어지면 전혀 상관없는 사람들로 살아간다네. 마치 말의 각 기관을 분리하면 말이라 할 수 없지만, 하나로 합치면 말이 되는 것과 같은 이치일세. 이와 마찬가지로 산은 흙과 돌이 층층이 쌓여 생겨나고, 시내가 합쳐져 강을 이루는 것이네.

사람의 경우도 이와 다를 바 없어, 대인(大人)은 작은 일에도 성의를 다해 큰일을 이룬다네. 그러므로 대인은 자기의 주장이 있더라도 다른 사람의 의견을 귀담아듣고, 마음에 다짐한 바가 있어도 다른 사람의 생각을 무시하지 않는다네.

춘하추동 사계절은 그 기후가 절기마다 뚜렷이 다르나, 하늘이 특별히 어느 한 계절만을 허락하지 않아 한 해가 온전하고, 관리들의 역할은 제각각 다르나 임금이 중심을 이루기에 나라가 다스려진다네. 또한 대인은 문(文), 무(武) 어디에도 치우침이 없으며 함부로 바꾸려 하지 않기 때문에 완전한 덕을 이룬다네.

이처럼 만물은 각기 다른 이치를 지녔으나, 도는 어디에도 치우치지 않기에 이름이 없으며, 이름이 없기에 하는 것이 없으며, 하는 것이 없기에 하지 않는 일이 없는 것이네."

〈즉양(則陽)〉

'부분은 전체를 이룬다. 또한 한 부분에 치우침이 없는 전체라야 균형을 이룬다. 이렇듯 골고루 미치기에 도라 하는 것이다.'

본문을 한마디로 표현하면 이와 같을 것이다.

이러한 도는 부분에 치우치지 않기에 얼핏 소극적으로 보일 수 있다. 사람들의 시선은 대개 부분에 머물러 전체에는 어둡게 마련이다. 나무만을 보면 작은 바람에도 요동치는 듯 보이나, 숲 전체로 보면 작은 일렁임으로만 느껴질 뿐이다. 자동차 한 대의 질주는 바람을 가르는 듯하나, 도로 위의 자동차 행렬은 느리게 지점을 잇고 있을 뿐이다.

무릇 전체를 아우르는 도는 이와 같아서 작은 듯 보이나 실은 큰 것이고, 정지된 듯 보이나 실은 움직이고 있으며, 치우친 듯 보이나 실은 원만한 것이며, 소극적인 듯하나 실은 적극적인 것이다.

인위는 이를 알지 못하기에 전체를 향하면서도 부분에 머물며, 무위는 알려고 하지 않기에 아무 작용도 없는 듯하나 사실은 모두에게 미치는 것이다. 그래서 이를 일러 본문에서는 '하는 것이 없으면서 하지 않음이 없다[무위이무불위(無爲而無不爲)].'라고 했던 것이다.

도는 항상 하는 것이 없지만 하지 않는 것도 없다. 만일 군주가 자연의 도를 따라 지켜 나가면 만물은 저절로 생겨나고 발전할 것이다. 인간들이 조작하려고 하면 나는 그러한 짓을 못하게 자연의 덕으로 진정시키리라. 자연의 덕은 욕심을 내지 않는다. 욕심을 부리지 않으니 고요하고 욕심이 없어 천하는 저절로 바르게 된다.

－《도덕경》 37장

제53화 필요로 하는 것을 주어야

장자가 감하후(監河侯, 황하를 감시하는 관리)에게 양식을 꾸어 달라고 부탁했다.

감하후가 말했다.

"알았네. 내 봉읍(封邑)에서 세금이 걷히는 대로 3백 금을 꾸어 주지. 그거면 되겠는가?"

장자가 화난 빛으로 말했다.

"제가 어제 이곳에 오는 길에 누군가 부르는 소리가 들렸습니다. 돌아보았더니 수레바퀴 때문에 파인 조그마한 물웅덩이에서 버둥거리고 있는 붕어였습니다. 붕어에게 저를 불러 세운 까닭을 물으니 붕어는 다급한 목소리로 대답했습니다.

'보시다시피 제 형편이 몹시 위급합니다. 한 말이나 한 되 가량의 물이면 충분하니 가져다 나를 살려 주실 수 없겠습니까?'

저는 붕어의 형편이 하도 딱해 보여, 당장 오나라와 월나라로 가서 서강(西江)의 물줄기를 끌어들여 큰물로 옮겨 가도록 해 주겠다고 말했습니다. 제 말을 들은 붕어는 크게 화를 내며 말했습니다.

'저는 지금 지내기에 아쉽지 않을 만큼의 물이 필요한 것입니다. 그 양은 한 말이나 한 되쯤이면 충분합니다. 그런데 당신은 아득한 얘기나 하고 있으니, 차라리 어물전에 가서 누워 있는 편이 낫겠습니다.'"

〈외물(外物)〉

사람은 물질의 구속에서 완전히 자유로울 수는 없다. 혼자서는 살아갈 수 없기에 다른 사람들과 어울려 살아야만 하는 존재가 인간이다. 따라서 인간은 다른 인간을 포함한 자연의 존재들과 끊임없이 소통하며 살아간다.

만물은 도라는 주체성을 하늘에서 받았기 때문에, 모든 만물은 동등하다. 그래서 소통을 할 때도 일방적인 관계란 있을 수 없다. 도움을 주고받는 일도 당사자 사이에는 얼핏 주체와 대상으로 나뉘는 듯 보이나, 자연의 관점에서 본다면 한편에서 덜어 내고 다른편으로 보태져 흐름이 유지되는 것뿐이다. 그렇기 때문에 일방적인 도움이란 있을 수 없다.

남에게 도움을 준다는 것은 자연에서 덜어서 자연에 보태는 것일 뿐이다. 굶주린 장자에게 양식을 주거나 메말라 가는 웅덩이에서 헐떡이는 물고기에게 물을 대 주는 일은 상대에게 베푸는 혜택이 아니라 하늘의 도를 실천하는 당연한 행동이다. 당장 필요한 한 줌의 양식과 한 바가지의 물을 주는 당연한 행동조차 제대로 하지 못한다면 어찌 자신의 도리를 다 한다고 할 수 있겠는가.

제54화 꽃은 꽃이 아니다

통발은 물고기를 가두어 잡는 도구인데, 물고기를 얻고 나면 통발은 잊어버린다. 올무는 토끼를 잡는 도구인데, 토끼를 잡고 나면 올무는 잊어버린다.

말은 마음을 상대방에게 전달하는 수단이다. 하지만 통발이나 올무처럼 쓰고 나면 잊혀지고 만다.

그래서 뜻은 알기 어렵고, 말은 지키기 어렵다는 것이다.

〈외물(外物)〉

언어와 문자는 뜻을 표현하기 위해 만든 약속된 수단이다. 하지만 뜻을 완전하게 표현하는 것은 불가능하다. 표현으로 말미암아 오해와 갈등이 생기는 이유가 바로 여기에 있다. 따라서 언어와 문자로 무한의 도를 규정할 수 있다고 생각하는 것은 잘못이다. 그럼에도 불구하고 언어와 문자에 전적으로 의지하는 것은, 잡은 물고기와 토끼는 버리고 도구만 챙기는 어리석은 사냥꾼의 행위와 다를 바 없다.

도의 참뜻은 언어와 문자로 표현하려 애쓸수록 가려지고 왜곡된다.

아무리 잘 만들어진 도구라도 짐승을 완벽하게 잡을 수 없듯이, 아무리 정밀한 표현이라도 뜻을 완전하게 나타낼 수는 없다. 근거 없는 자신감에서 비롯된 섣부른 표현은 오해와 갈등만을 불러 올 뿐이다. 만물에 깃든 도의 참뜻을 이해하려면 언어나 문자로 가두지 말고 마음으로 받아들여야 한다.

제55화 나보다 귀한 것은 없다

전국 시대 때 국경이 맞닿아 있던 한나라와 위나라는 영토 분쟁이 잦았다. 자화자(子華子, 중국 위나라의 신하)의 방문을 받은 한나라 임금 소희후(昭僖侯)는 이로 인해 근심어린 표정을 하고 있었다.

자화자가 말했다.

"여기에 천하 사람들이 증명한 문서가 있다고 가정하겠습니다. 이 문서에 '왼손으로 이것을 집으면 오른손이 잘리게 되고, 오른손으로 이것을 쥐면 왼손이 잘릴 것이다. 그럼에도 불구하고 이 문서를 취하는 자는 천하를 차지하게 된다.'라고 적혀 있다면 임금께서는 이 문서를 어쩌시겠습니까?"

소희후가 대답했다.

"그 문서를 취하지 않겠다."

자화자가 말했다.

"옳으신 말씀입니다. 두 팔은 천하보다 소중하며, 몸은 두 팔보다 더욱 소중합니다. 임금께서 걱정하시는 한나라는 천하에 비하면 훨씬 가볍고, 위나라와의 분쟁에 휘말려 있는 이 영토도 나라의 무게와는 비교조차 할 수 없을 만큼 가볍습니다. 그런데도 임금께서는 보잘것없는 땅 때문에 몸을 해치는 것은 물론 생명까지 위태롭게 만드시겠습니까?"

158

소희후가 말했다.

"옳은 말이오. 지금까지 많은 사람이 나를 일깨워 주려 애썼지만, 이와 같은 말을 한 사람은 일찍이 없었소."

자화자는 일의 가볍고 무거운 정도를 알았기에 소희후의 마음을 움직일 수 있었던 것이다.

〈양왕(讓王)〉

이 글의 전체적인 분위기는 양주(楊朱)의 위아설(爲我說)을 연상시킨다. 양주는 초기 도가에 속하는 사상가로 '외적인 재물이나 권세와 같은 물(物)을 가볍게 여기고 자신을 위한다.'는 경물중생(輕物重生)을 주장했다. 〈양생주〉편에도 이를 뒷받침하는 글이 실려 있다.

선을 행하되 명예를 가까이 하지 말고, 악을 행하되 형벌을 조심하라. 길의 중앙을 따르는 것을 너의 원리로 삼아라. 그러면 네 몸을 보존할 수 있고, 네 생명을 온전히 할 수 있으며, 부모를 모실 수 있고, 타고난 수명을 다 누릴 수 있다.

양주나 장자의 주장은 바로 '사람이 선이든지 악이든지 간에 한쪽으로 지나치게 기울면 생명을 보존하기 어렵다.'는 것이다. 그렇기 때문에 양주는 '한 올의 머리카락을 뽑아 천하가 이롭다 할지라도 내게 해롭다면 그것을 하지 않는다.'는 위아(爲我)의 입장으로 일관했다.

유가에서는 위아설을 인의를 해친다는 이유로 강하게 비판한다. 자로는 이들에 대해 "그 몸은 깨끗이 하고자 하나 대륜(大倫)을 어지럽힌다."고 비판했으며, 맹자는 사회 제도를 부정하는 무군(無君)의 설이라고 반박했다.

아무리 높은 지위와 넓은 영토라 할지라도 생명의 소중함에는 미치지 못한다는 자화자의 말은 양주의 위아설과 비슷하다. 극단적인 이기주의라 할 만하다. 하지만 선이나 악으로 치우치지 않고 중도의 입장에서 생각하면 평화를 바라는 염원이 읽힌다. 인위적인 제도를 만들어 대립과 분쟁을 만드느니 스스로를 지키는 데 힘써 갈등의 씨앗을 없애 평화를 누리겠다는 의도가 그것이다.

인위에 휘둘리지 않고 자연이 마련해 준 자리에서 자연이 허락한 수명을 평안히 누리겠다는 무위의 태도를 읽을 수 있는 부분이다.

제56화 도척의 길, 공자의 길

공자가 도척을 향해 천천히 입을 열었다.

"천하에는 세 가지 덕이 있다고 들었습니다. 태어나면서부터 그

탁월함으로 노소와 귀천을 모두 기쁘게 하면 상덕(上德)이라 하고, 지혜와 재능이 천하 만물을 능히 부릴 만큼 뛰어나면 중덕(中德)이라 합니다. 또한 많은 무리를 용맹하게 이끄는 것은 하덕(下德)입니다. 대체로 사람은 이 셋 중 하나만 갖추었어도 남면(南面. 남쪽을 바라보는 것. 즉 임금이 신하를 바라보는 것)하여 고(孤. 임금이 스스로를 낮추어 부르는 이름)라고 부를 수 있습니다. 그런데 장군께서는 이 세 가지의 덕을 겸비하고 계십니다."

공자의 말을 들은 도척은 크게 화를 내며 말했다.

"하늘과 땅은 끝이 없으나 인간의 죽음은 때가 있는 것이다. 유한한 존재가 무한한 천지 사이에 잠시 머무르는 것은 마치 준마(駿馬)가 문틈으로 지나가는 것과 같다. 이를 잊고 욕망에 사로잡혀 자연이 허락한 수명을 다하지 못하는 것은 도를 모르기 때문이다.

네가 말하는 것들은 모두 내가 버리는 것들이다. 그러니 당장 돌아가 다시는 나에게 훈계하려 들지 말아라. 너의 말은 도에서 크게 벗어나 있고, 속임수와 간사함이 느껴질 뿐이다. 이것은 참된 본성을 해칠 뿐이니 어찌 대화를 계속할 수 있겠는가?"

〈도척(盜跖)〉

편명인 '도척'은 전설적인 도둑의 이름으로 앞에서도 나온 적이 있다. 도척은 유가의 인의를 철저하게 부정하고 있는데, 이런 점에서 보면 장자보다는 오히려 앞에서 얘기했던 양주와 가깝다고 할 수 있다.

이 이야기의 앞부분을 정리하면 이렇다. 공자와 친구 사이인 유하계(柳下季)는 노나라에서 현인으로 존경받는 인물인데, 그에게는 희대의 도둑인 도척이라는 동생이 있었다. 동생 때문에 고민하는 유하계에게 공자는 도척을 설득해 보겠노라고 말한다. 하지만 동생의 사람됨을 잘 아는 유하계는 공연한 짓이라며 말렸으나, 공자는 결국 도척을 만난다.

도척과 공자의 대화를 만들어 낸 것부터가 장자의 의도적인 시도였다. 이야기 속에서 대조적인 두 사람을 만나게 한 것을 보면 애당초 타협은 고려하지 않았던 것으로 보인다. 도덕성의 회복을 통해 사회 질서를 바로 세우고자 했던 공자와 약탈과 살생을 일삼으며 자신의 만족만을 추구하는 도척은 도덕적 가치 면에서 선과 악으로 뚜렷이 대립된다. 그런데도 장자는 도척의 입을 통해 도리어 공자를 꾸짖는다.

공자를 나무라는 도척의 태도는 다음 글을 보면 더욱 명확해진다.

"노나라의 위선자 공구가 네놈이로구나. 너는 농사도 짓지 않으면서 밥을 먹고, 옷감도 짜지 않으면서 옷을 입고, 함부로 입을 놀려 시빗거리나 만들어 천하의 임금들을 우롱하고, 선비들로 하여금 근본을 잊게 하며, 제멋대로 효제라는 것을 만들어 따르는 사람들로부터 존경을 받고 있구나. 당장 돌아가라. 그렇지 않으면 네놈의 간을 꺼내 점심 반찬에 보태리라."

-《장자》〈도척〉

위의 글에는 유가 사상에 대한 강한 비판과 선악에 대한 도척과 공자의 서로 다른 기준이 함께 들어 있다. 공자를 비롯한 유가 사상가들이 인과 의를 기준으로 한 도덕성을 추구했다면, 도척은 자연이 허락한 본능에 충실했다. 게다가 도척의 행적을 미루어 보면 인간도 짐승과 하등 다를 바 없다는 인식이 엿보인다.

도척은 자신의 노략질을 애써 정당화하지는 않지만, 그렇다고 죄책감을 느끼지도 않는다. 오직 천성에 충실할 뿐이며, 욕망에 충실할 뿐이라고 주장한다. 정작 큰 도둑은 사람의 도리를 강조하는 유학자들이라고 도척은 말한다. 그의 생각에 따르면 유학자들은 남을 속이는 헛된 말과 거짓 행동으로 군주들을 홀려서 천하를 송두리째 가로채려는 큰 도둑들인 것이다.

〈도척〉편에 담긴 의미를 곰곰 따져 보면 장자의 생각보다는 위아설을 주장한 양주의 주장에 더 기울어져 있음을 알 수 있다. 오직 자신의 본성에 충실할 뿐 세상을 위해 그 어떤 양보도 하지 않겠다는 도척의 태도에서 초기 도가 사상가이자 극단적인 이기주의자였던 양주의 사상이 떠오르기도 한다.

제57화 활인검(活人劍)

검술을 좋아했던 조(趙)나라 문왕(文王)은 장자를 불러 검에 관한 이야기를 나누었다.

문왕이 물었다.

"그대는 대체 어떤 검을 쓰는가?"

장자가 대답했다.

"신에게는 세 가지의 칼이 있는데, 먼저 설명을 드린 뒤에 검술을 선보이겠습니다."

왕이 허락하자 장자의 설명이 이어졌다.

"칼에는 천자의 칼과 제후의 칼과 서인(庶人, 일반 서민)의 칼이 있습니다. 천자의 칼은 천하를 재료로 삼아 날을 세우고 음양과 오행으로 제어하며 계절로써 단련합니다. 이 칼은 막거나 받을 자가 없어서 위로는 창공에 떠 있는 구름을 베고, 아래로는 대지를 붙들어 맨 동아줄을 단칼에 끊기도 합니다. 한 번 휘두르면 제후들과 천하가 무릎을 꿇습니다.

제후의 칼은 용맹하고 어질며 지혜로운 선비의 기개가 재료를 이룹니다. 위로부터는 해와 달과 별의 빛을 받고, 아래로는 사계절에 순응하며, 가운데로는 백성의 뜻에 따라 나라를 편안하게 합니다. 이 칼을 한번 휘두르면 번개와 천둥이 진동하는 것 같아 만백성이

복종하니, 이것이 제후의 칼입니다.

　서인의 칼은 경박한 복장을 한 무사의 손에 쥐어져 왕 앞에서조차 베고 찌르기를 서슴지 않는 야만스러운 도구입니다. 이 칼을 휘두르는 것은 마치 닭싸움과 같아 목숨을 앗아 버리게 해 나라에 손실이 될 뿐입니다.

　왕께서는 천자의 자리에 계시면서 서인의 칼을 가까이 하시니 신은 폐하의 안위가 염려되옵니다."

〈설검(說劍)〉

　조나라의 문왕은 검술을 좋아해서 왕의 눈에 들려다 목숨을 잃는 사람이 한 해에도 수백을 헤아렸다. 이를 걱정한 태자가 측근들을 불러 왕의 기분을 상하지 않게 하면서 좋아하는 것을 바꾸게 할 대책을 의논했다. 신하들은 자신들의 뜻을 모아 왕을 설득할 사람으로 장자를 추천했다. 이 이야기에서는 이와 같은 상황을 바탕으로, 사람의 목숨을 빼앗으면서까지 자신의 취미를 즐기는 문왕을 설득하는 장자의 지혜를 보여 주고 있다.

　장자는 문왕을 설득하기 위해 세 종류의 칼 이야기를 하고 있는데, 실은 칼에 빗대 나라를 다스리는 방도를 말한 것이다. 천자의 칼은 하늘의 도를, 제후의 칼은 선비의 도를, 그리고 서인의 칼은 싸움을 일삼는 무리의 도를 상징한다. 장자의 이야기를 귀담아들은 문왕은 자신의 행동을 뉘우치고 바로잡음으로써, 제후의 다스림이나 천자의 다스림으로 나아갈 가능성을 보인다.

검은 쓰기에 따라서 생명을 살리기도 하고 죽이기도 한다. 악을 벌하고 정의를 지키는 데 쓰면 결과적으로 많은 사람의 생명을 살리게 된다. 반면에 개인의 욕심을 채우기 위해 쓰면 그야말로 흉기가 되어 많은 사람의 생명을 해치게 된다. 권력도 칼과 같다. 하늘의 도에 따라 만물의 본성을 위하면 모든 생명이 번성하나, 사람의 도에 따라 권력을 행사하려 들면 생각이 서로 다른 사람들 간에 다툼이 끊이지 않아 많은 희생이 따르게 된다. 장자는 세 가지 칼의 이야기를 통해 문왕에게 권력의 올바른 쓰임을 설명하고자 한 것이다.

제58화 모든 화는 내 탓이다

공자가 슬픈 기색으로 나이 지긋한 어부에게 예를 올린 뒤 말했다.

"저는 노나라에서 두 번 추방되었고, 위나라에서는 왔다 간 흔적조차 없어지는 치욕을 겪었으며, 송나라에서는 살해 위협을 받았고, 진나라와 채나라에서는 불량배들에게 수모를 겪기도 했습니다. 특별히 잘못을 저지른 일도 없는 제가 네 번씩이나 이런 일을 당한 까닭은 대체 무엇입니까?"

노인은 연민어린 표정을 지으며 말했다.

"그대의 어리석음이 가엽구나. 마음 약한 사람은 자기의 그림자
도 무서워하고 발자국 소리에도 놀라기 일쑤다. 걸음을 재게 놀려
발자국을 남기지 않으려 해도 오히려 발자국은 늘어날 뿐이며, 힘
껏 내달려 그림자를 떼어 내려 해도 헛수고에 그칠 뿐이다. 그럼에
도 불구하고 미련을 버리지 못해 더 힘껏 내달린다면 피곤에 지쳐
목숨을 잃게 된다. 만일 좀 더 현명한 사람이라면 그늘에 들어가 그
림자를 없앨 것이고, 가만히 멈춰 서서 발자국 소리를 만들지 않을
것이다.

그대는 지금 인과 의를 내세우고, 같음과 다름의 차이에 집착하
며, 움직임과 고요함 사이를 적당히 오가고, 좋아하고 싫어하고
화내고 기뻐하는 감정을 조화시키지만, 화를 피하기는 어려울 것이
다. 수양에 힘쓰고, 신중하게 본성을 지켜 외부에 관여하지 않
는다면 얽매임이 없을 터인데, 여전히 남에게서 깨달음을 구하면서
어찌 화가 피해 가기를 바라는가?"

〈어부(漁父)〉

이 이야기에는 어부의 입을 빌려 공자를 비롯한 유가 사상가들을
비판하고자 한 장자의 의도가 담겨 있다. 어부는 유가의 인도를 앞세
운 위선을 계속 꾸짖으며, 한편으로는 공자의 부질없는 노력을 지적

한다. 천하를 두루 돌아다니면서 제후들에게 올바른 정치를 설명하려는 공자의 노력에 대해 발자국과 그림자를 예로 들어 비유하며 잘못된 점을 지적하고 있다. 즉, 공자가 뜻을 펼치다 겪게 된 고난은 자연의 이치를 제대로 알지 못한 채 함부로 인위의 도를 세우려다 당한 자업자득의 결과라는 것이다.

본문에서 어부가 말한 발자국과 그림자로 말미암은 두려움은 성과를 기대하는 초조함을 의미한다. 그림자는 욕망을 나타내고 발자국은 성과를 뜻한다. 결국 인위에 대한 집착과 그 결과인 셈이다. 이를 알면서도 떨치거나 그치지 못하는 것은 욕망을 다스리지 못하기 때문이다.

또한 어부의 입을 빌려 장자는 말한다. '진리는 정성의 지극함이며, 공을 세우는 데에 반드시 하나의 길만 있는 것은 아니다.'라고. 자연은 형형색색의 빛깔과 여러 가지 결실로써 인간에게 정성의 지극함을 보여 준다. 하지만 인간은 자신도 이에 속해 있음을 깨닫지 못하고 한 줌의 지혜로만 이용하려 들고, 오직 하나의 길만 있는 것처럼 생각하고 행동한다. 어부는 인위의 도에 의지하는 공자를 비롯한 모든 사람들에게 이제라도 멈춰 서서 숲 전체를, 그리고 여러 갈래로 놓인 길을 바라보라고 말한다.

제59화 자연에서 일어나 자연에 눕다

장자가 죽음을 예감하자, 제자들이 모여 성대한 의식을 준비했다. 장자가 이를 말리며 말했다.

"나는 하늘과 땅을 관으로 삼고, 해와 달로써 한 쌍의 큰 옥을 삼으며, 별을 아름다운 구슬 장식으로 삼고, 만물을 부장품으로 여길 것이다. 이것이면 충분하지 무엇이 더 필요하단 말인가."

제자들이 말했다.

"까마귀나 솔개가 선생님의 시신을 쪼아 댈 것이 두렵습니다."

장자가 말했다.

"땅 위에 누이면 까마귀나 솔개가 탐하고, 땅속에 누이면 벌레가 탐하는 것은 당연한 자연의 이치이거늘, 어찌 이를 막으려 한단 말이냐. 억지로 공평하게 한다면 이는 불공평한 것이요, 자연이 아닌 인간의 지혜에 의지한 감동은 감동이라고 할 수 없다. 지혜가 밝은 사람도 오로지 남의 심부름만 하는 셈이고, 하늘의 뜻을 아는 사람이라야만 올바른 깨달음을 얻을 수 있다.

지혜의 밝음이 하늘의 뜻을 넘어서지는 못한다. 그럼에도 불구하고 어리석은 사람들은 자기들의 의견만 내세워 다른 사람의 뜻을 거스르니 참으로 안타깝구나."

〈열어구(列御寇)〉

자연을 시작도 없고 끝도 없는 하나의 흐름으로 본다면, 삶과 죽음은 나뉘어져 대립하는 것이 아니라 연속된 흐름의 한 부분일 뿐이다.

제자들의 슬픔에도 불구하고 죽음 앞에 장자가 태연할 수 있었던 것은 이처럼 죽음을 단절이 아닌 하나의 흐름으로 이해했기 때문이다. 뿐만 아니라 자연에서 받은 신체이기에 자연으로 되돌려준다는 뜻을 분명히 밝혔다. 제자들은 스승의 시신이 손상될까 염려했으나 장자는 속좁은 생각이라고 이를 나무란다. 받은 것은 되돌려주는 것이 자연의 이치에 순응하는 것이라는 생각에서다.

또한 자연은 모든 것을 함께 소유하고 모든 것을 함께 나눈다. 장자는 〈추수〉편에서 "사는 시간보다는 나기 전의 시간이 많기에 살면서 얻은 작은 지식으로 큰 흐름을 헤아리려 해서는 안 된다."라고 이야기한다.

"자연에서 일어난 몸, 자연에 누이므로 자연으로 돌아가겠다."는 유언을 남기고 장자는 자연에 들었다.

제60화 물은 부드러우나 다투지 않는다

노담이 말했다.

"굳셈을 알면서도 연약함을 지킨다면 천하의 골짜기처럼 모든 물이 모일 것이요. 결백하면서도 굴욕을 참고 견디면 천하의 골짜기처럼 모든 사람이 모여들 것이다. 천하 사람들은 모두 앞으로 나서려 하지만, 나는 뒤에 남아도 신경 쓰지 않는다."

노담은 또 말했다.

"천하의 모든 더러움을 받아들여라."

세상 사람들은 형상에 집착하나 노담만은 허허롭다. 간직할 재물이 없어 마음이 편안하고, 행동은 산처럼 의연하다. 행동은 흐르는 물처럼 다툼이 없어 몸과 마음이 고요하며, 애써 구하지 않기에 약삭빠르게 행동하는 사람들이 눈에 들어오지 않는다. 또한 사람들이 복을 구할 때도 그는 스스로 지킬 뿐이다.

노담의 한마디가 이어졌다.

"인위로 인한 화를 면해야 한다."

그는 근원에 깊이 뿌리를 내리고, 자연의 간결한 이치에 따르고자 했다.

노담이 덧붙였다.

"굳고 단단한 것은 깨지고, 날카로우면 꺾인다."

그는 항상 관대하고 덕이 많았다. 노담이야말로 넓고 큰 덕을 갖춘 진인이 아니겠는가.

〈천하(天下)〉

도가 사상을 일러 노장(老莊) 사상이라고 한다. 노자와 장자는 유가와는 달리 모든 인위적인 것들을 거부했다. 또한 근원으로서의 내적 도덕성을 분석하고 비판함으로써, 자유와 해탈(解脫)에 도달하기 위한 무위자연의 경지를 추구했다.

두 사람이 태어나고 죽은 시기는 분명하지 않지만, 역사 자료를 통해 보면 대략 한 세기 정도 차이가 있음을 알 수 있다. 노자와 장자의 관계는 공자와 맹자의 관계와 비슷했던 것 같다. 공자의 사상을 맹자가 받아 더욱 발전시켰듯이, 노자의 사상은 장자에 이르러 더욱 발전하였다. 그러기에 장자가 자신의 사상을 정리하는 마지막 장에서 도가 사상의 시조인 노자를 내세운 것은 지극히 자연스러운 일이었을 것이다.

　　최상의 선은 물과 같다.
　　물은 모두를 이롭게 할 뿐
　　다투는 일이 없다.
　　또한 모두가 마다하는 낮은 곳에 이르니
　　도에 가장 가깝다.　　　　　　　　　　　　　　-《도덕경》 8장

　　지극한 부드러움은
　　그 어떤 단단함도 이겨 낸다.

형체가 없으면 빈틈도 없다.

자연의 은혜는

무언의 깨달음

이에 견줄 만한 것이

세상에는 다시 없다.　　　　　　　　　　　-《도덕경》 43장

   이렇게 자연 속에서 살아가고자 했기에 자연이 노자를 낳고, 노자에게서 장자가 생기니, 이 모두가 자연의 거대한 흐름일지도 모른다. 그래서 오늘의 우리는 노자와 장자를 통해 삶의 절대 자유란 자연과 하나가 될 때 가능하다는 단순하지만 매우 소중한 교훈을 얻을 수 있다. 노자와 장자는 인류에게 이제 미래의 새로운 대안일 수 있기에 더욱 의미가 있다.

영원한 자유인, 장자

1. 장자의 삶

장자의 일생에 대해서는 잘 알려져 있지 않다. 이는 평생을 자유롭게 살아가며 세상에 이름을 드러내는 것조차 부질없다고 생각한 그의 삶을 생각하면 당연한 것인지도 모른다. 그나마 알려진 기록은 사마천의 《사기(史記)》 〈노장신한열전(老莊申韓列傳)〉에 전하는 235자가 전부다. 따라서 장자의 삶을 알고자 한다면 장자 자신이 남긴 글을 더듬어 보는 것이 가장 나은 방법이라고 할 수 있다.

《사기》에는 장자가 송나라 몽(蒙, 지금의 중국 하남성 상구시 북동) 출생으로 이름은 주(周)이고, 자는 자휴(子休)였다고 적혀 있다. 양나라 혜왕과 제나라 선왕과 같은 시기 사람이라고 했으니, 대략 기원전 370년경에서 280년경까지 살았던 것으로 보인다. 이를 바탕으로 보면 맹자와 같은 시대 사람으로 여겨진다.

장자가 살았던 시대는 전쟁의 영향으로 세상살이가 각박했던 전국시대였다. 장자가 고향에서 옻나무 밭을 관리하는 하찮은 관직에 잠시 머무른 것 외에는 관직에 나가지 않고 평생을 자유인으로 살았던 까닭도, 아마 이런 시대적 상황 때문인 것으로 보인다. 더구나 이 시대는 인간과 인간 사이의 의리조차 믿을 수 없고, 나라와 나라 사이에는 오직 속임수와 전쟁만 있는 그런 때였다.

그래서 장자는 다른 사상가들이 부국강병책을 들고 군주들을 찾아가 유세하면서 지위를 얻는 행위를 보고, 많은 선량한 사람들을 속이는 추악한 일이라고 여겼을 것이다. 나아가 적은 몇 사람이 많은 힘없는 사람들을 억누르는 각종 제도와 사회 구조야말로 자유로운 삶을 가로막는 장벽이라고 생각했다. 그래서 그는 모든 인위적인 사고나 제도를 거부하고, 자연의 흐름에 따라 자유분방하게 사는 삶을 꿈꾸었다.

자유인답게 그는 생업에 열심히 매달리지 않았던 탓에 생애의 대부분을 가난 속에서 보냈다. 호구지책을 위해 장자는 복수(僕水)에서 물고기를 낚기도 하고, 식량과 바꿀 땔감을 얻기 위해 제자들과 높은 산을 자주 오르기도 했다. 이렇게 어려운 살림살이였지만, 그의 글에는 가난에 대한 별다른 불만이나 재물에 대한 욕심이 드러나지 않는다. 이는 그가 추구하고자 한 것이 현실의 재물이 아니고, 자유로운 정신의 세계라는 것을 잘 보여 준다.

한번은 초나라의 위왕이 그의 명성을 듣고 많은 재물과 함께 사자를 보내어 재상의 자리를 약속하며 자기 나라로 올 것을 권했다. 하지만 장자는 이 같은 제안을 받고 웃으면서 말했다.

"천금은 확실히 귀한 재물이며, 재상의 자리는 높은 자리임이 분명합니다. 하지만 당신은 제사를 지낼 때 쓰는 소를 보지 못하였습니까? 몇 해 동안 호강하다, 꽃무늬 비단을 쓰고 제물로 바쳐지기 직전에야 그는 차라리 한 마리의 돼지가 되기를 바랍니다. 그러나 그것이 어찌 가능한 일이겠습니까? 그러니 나를 더 이상 욕되게 하지 말고 물러가십시오. 나는 오히려 흙탕물 속에서 헤엄이나 치면서 노닐지언정 권력자에게 구속 받고 싶지는 않습니다. 나는 죽을 때까지 관직에 나아가지 않고 즐거이 지내려 합니다."

재물과 지위는 사람들이 염원하기는 하지만 쉽게 얻을 수 있는 것은 아니다. 그렇기 때문에 사람들은 재물이나 지위를 얻기 위해 양심을 저버리거나, 자신의 생명은 물론 가족이나 친지의 안전마저도 서슴지 않고 버리기 일쑤다. 그러나 장자는 주는 재물조차 하찮게 여겼을 뿐만 아니라, 재상이라는 지위도 사람을 구속하는 굴레라고 생각했다.

세상 사람들이 그토록 갖고 싶어 하는 재물과 지위가 도리어 자유로운 삶을 방해한다고 생각한 장자의 자유분방한 사고는 예법에서도 마찬가지였다. 예의와 범절이란 것도 인간이 만든 인위적인 틀에 불과한 것이므로, 자유로운 삶을 누리려는 인간의 자유 의지를 구속하는 것이라고 여겼다. 그래서 그는 인간 사이의 예의를 강조하는 공자와 같은 사상가들을 비판했다.

장자는 또한 사람도 자연의 일부이므로 자연의 법칙인 도에 따라 살아야 한다고 생각했다. 그는 삶과 죽음을 낮과 밤에 비유했다. 사는 것을 '천행(天行, 하늘의 뜻에 따르는 행위)'이라 하고, 죽는 것을 '물화(物化, 자연으로 돌아감)' 혹은 '현해(懸解, 삶과 죽음, 고통과 기쁨을 초월함)'라고 불렀다. 죽음이란 자연의 일부로 태어나 자연으로 되돌아가는 것이다. 따라서 삶에만 매달리고 죽음을 거부하는 태도는 자연의 이치에서 벗어나는 것이라고 생각했다.

장자의 이런 인생관은 아내의 죽음 앞에서 잘 드러난다. 조문하며 슬퍼하는 문상객들 앞에서 큰 소리로 노래를 부르기까지 했는데, 그의 이러한 행동을 나무라는 사람들에게 장자는 "자연에서 나서 자연으로 돌아감은 당연한 것이니 오히려 기뻐해야 할 일이다."라고 말하기도 했다. 또한 자신에게 죽음이 다가왔을 때 성대하게 장사 지내려고 하는 제자들을 호되게 꾸짖기까지 했다.

앞에서도 말했듯이, 장자에 대한 기록이 없어서 그의 생애를 자세히 알 수는 없다. 그러나 자세한 전기가 전해지는 다른 사상가들과 달리, 장자의 삶에 대한 인상이 의외로 선명한 것은 그의 거침없는 행동과 소신 때문일 것이다. 그의 글에서 엿보이는 인생관, 세계관을 통해서 알 수 있듯이 그는 대자연에서 노니는 영원한 자유인이었다.

2.《장자》라는 책이 나오기까지

기원전 2세기 무렵에 쓰여진 사마천의 《사기》에 따르면, 당시 《장자》는 10만여 자로 이루어진 책이었다고 한다. 그런데 기원후 4세기경, 도가 사상이 크게 유행할 때 서진(西晉)의 도가 사상가 곽상에 의해 33편, 6만5천여 자로 줄여 편집된 뒤 여러 갈래의 해석과 편집 과정을 거쳐 오늘날 우리 손에 쥐어졌다.

곽상은 33편으로 편집한 《장자》를 다시 내편 7편, 외편 15편, 잡편 11편으로 나누었다. 이렇게 나누게 된 동기는 분명하지 않은데, 다만 이 가운데 내편 7편만은 곽상의 손을 거치기 전부터 묶여 있었던 것으로 보는 것이 일반적이다.

곽상본 외에도 26편본(내편 7, 외편 19), 27편본(내편 7, 외편 20), 28편본(내편 7, 외편 21) 등이 있었다고 전하나, 《장자》에 대한 해석과 기술이 거칠고 복잡한데다가, 장자의 사상을 왜곡한 부분도 적지 않아 신뢰성이 떨어진다고 한다. 곽상본 또한 장자의 사상을 있는 그대로 담았다고 보기는 어렵다는 것이 많은 연구자들의 공통된 의견이다.

이런 사정으로 33편의 내용 중에서 장자가 직접 쓴 부분을 가려 내는 데도 이러저러한 논란이 있으며, 그의 사상을 충실하게 반영한 부분을 가려 내는 일도 어려운 작업이다. 그래서 참과 거짓에 관한 판정을 둘러싼 학자들 간의 논쟁도 끊이지 않았다.

《장자》가 오늘날의 모습을 갖추기까지 여러 가지 논란을 낳았으나, 이런 논의를 거쳐 밝혀 낸 진실도 적지 않다. 한나라 때부터 내편과 외편으로 나뉘었고, 내편이 외편보다 앞서 쓰였다는 점, 그리고 내편의 내용 가운데 〈소요유〉와 〈제물론〉만큼은 분명 장자가 직접 썼을 것이라는 점이 연구자들의 노력으로 밝혀진 내용이다.

3. 장자의 철학 세계

우언(우화)이 대부분을 차지하는 《장자》에서는, 흔히 말하는 세상을 남보다 앞서 사는 지혜와 방법 같은 것은 발견할 수 없다. 다만 상식, 고정관념, 인위적인 가치 체계, 대립적 사고방식 등을 넘어서고자 하는 의지만 보일 뿐이다. 말하자면 사방이 트인 들판에 서 있음을 깨닫게 할 뿐 나아갈 방향을 가르쳐 주지는 않는다. 하지만 문명이 발전하고 인간관계가 복잡해질수록 《장자》의 내용은 더욱 신선하게 받아들여지고 있다.

문명이 발전할수록 사람 사이의 구별과 차별은 더 늘어나고, 그 안에서 사는 사람들의 관계는 삭막해진다. 가진 자와 못 가진 자, 앞선 자와 뒤처진 자, 유능한 자와 무능한 자 등 사람들은 자신이 원하든 원하지 않든 구별되고 그에 따라 지위와 처지가 달라지게 된다. 하지만 장자의 주장에 귀를 기울여 보면 이와 같은 구별이 참으로 어리석은 짓이라는 사실을 알게 된다.

더구나 자연과 인간을 나누어서 인간만이 유일한 지배자라 생각하고 욕심을 채우려는 인위적인 노력들이 도리어 인간을 외로움과 고통으로 몰아넣는다는 진실과 만나면 더욱더 그러하다. 인간이 본래 속해 있던 자연과 공존하지 않고, 인간은 모두 동일한 인격체라는 사실을 깨닫지 못한다면, 인간은 자유를 향한 어떤 희망도 가질 수 없다.

《장자》에는 인간의 이기적인 편견과 인간 사이의 차별을 넘어설 수 있는 자유의 문이 열려 있다. 또한 자연으로 되돌아갈 수 있는 다리도 놓여 있다. 장자의 이런 철학 세계를 바르게 이해하기 위해 이제 하나하나 찾아가 보자.

하나. 무위자연이라는 출발점

노자와 장자로 대표되는 도가 사상의 출발점과 도달점은 자연이다. 장자 역시 자연과 더불어 사는 삶을 가장 바람직하게 생각했다. 장자가 노자와 마찬가지로 자연과 하나가 되어 자연과 더불어 살아간다는 '무위자연'을 주장한 까닭은 당시 사회에 널리 퍼진 거짓 도덕과 기회주의적 태도에 대한 거부감 때문이었다. 도덕과 예의를 강조하면서도 출세를 지향하던 제자백가(諸子百家)의 세속적인 태도를 보면서 "무언가를 억지로 하지 말라."고 주장한 것이다.

억지로 하지 않으려면 욕심을 버려야 한다. 욕심을 버리면 자연이 보이고, 자연과 하나가 되어 살 수 있는 마음의 눈이 생긴다. 이것이 장자의 눈으로 보는 자연, 즉 '소박한 자유'다. 배고프면 먹고, 추우면 입고, 다른 모든 사람과 함께 누리면서 각각 자신에게 주어진 본성에 충실하면, 서로 구속하지 않고 서로 짐이 되지 않는 소박한 자유의 세계가 열린다.

이런 장자의 사상에서 보면 자연은 그 무엇에도 구속 받지 않는 존재다. '타고난 순수함을 지키고 천지의 변화에 순응하며, 무한의 세계에 노니는 것'이 자연이며, '위로는 하늘의 이치에 닿고, 아래로는 삶과 죽음을 잊은 채 처음과 끝을 모르는 것' 또한 자연이라고 장자는 말한다.

> 자연은 우리에게 모습을 주었다. 또 우리에게 삶을 주어 수고하게 하고, 우리에게 늙음을 주어 편하게 하며, 우리에게 죽음을 주어 쉬게 한다.
> ―《장자》〈대종사〉

이렇듯이 장자에게 자연은 모든 존재의 근원이자 모든 존재들이 자신을 맡겨 살아가야 하는 흐름이요 순환이며, 모든 존재가 화목하게 어우러져 누리는 절대 자유의 세계였다.

둘. 장자의 도(道)

동양 사상에서 '도'란 매우 중요한 개념이다. 공자를 비롯하여 많은 사상가들이 모두 도라는 표현을 사용하고 있는데, 도란 뜻 그대로 해석하면 '길'이다. 그래서 도를 일반적으로 정의하면 '마땅히 그렇게 되어야 할 길'이다. 하지만 사회가 발전하고, 사물을 대하는 사람들의 생각이 깊어지면서 도의 뜻도 확대되어 사회 규범으로서는 '반드시 지켜야 할 도리나 법칙', 우주론이나 존재론으로는 '만물의 운행 법칙'이라는 의미가 보태지게 된다.

장자도 기존의 학설에 자신만의 독특한 생각을 더해 도라는 개념을 사용하고 있다. 흔히 노자와 장자를 도가 사상의 시조로 보는데, 그 이유는 이들이 도의 개념을 근원적인 존재의 법칙으로 해석했기 때문이다. 하지만 엄밀히 따진다면 도가는 학파를 이룬 적이 없었다. 다만 도로써 만물의 존재 근거와 운행 원리를 설명하고자 했을 뿐이었다. 흔히 노장 사상을 바로 도가 사상이라고 부르는데, 그것은 이런 이유에서였다.

그럼 장자가 말한 도는 어떤 것이었을까?

장자에게 도란 만물의 운행 법칙임과 동시에 인간을 포함한 모든 사물의 근원이다. 운행 법칙으로서의 도는 천도와 인도로 나뉘며 천도는 자연의 법칙을, 인도는 사회의 법칙을 뜻한다.

근원을 의미하는 도는 초월과 내재로 표현되는데, 일반적인 사물과는 존재 자체가 다르기 때문에 일반적인 존재보다는 우월하다는 의미에서 '초월'이라고 표현할 수 있으며, 모든 사물에 다 존재하기 때문에 '내재'라고 말하는 것이다.

장자는 "도를 제대로 이해하면 우주 전체를 알게 되고, 우주 전체를 알게 되면 도로써 그것을 볼 수 있다."라고 했다. 즉, 도는 사람이 반드시 지켜야 할 '도리'요, 따라야 할 '법칙'인 동시에 사물의 본질을 꿰뚫어 그 안에 담긴 진실을 볼 수 있게 하는 '눈'이기도 하다는 말이다.

셋. 장자만의 독특한 생각, 만물제동

'만물은 모두 같다[만물제동(萬物齊同)].'는 생각이야말로 장자 사상의 핵심이라 할 수 있다. 장자는 만물이 생김새는 제각각이어도 하나하나의 가치는 모두 같다고 생각했다. 모든 사물의 가치를 정하고 구별을 짓는 행위는 인간의 주관일 뿐 사물이 본래 갖고 있는 보편성은 아니라는 말이다.

작은 풀과 큰 나무, 못생긴 여인과 빼어나게 아름답다는 연인 서
시, 그밖의 특이하거나 유별나다고 생각되는 모든 일들이 도의 관점
에 보면 하나로 통한다.　　　　　　　　　　　－《장자》〈제물론〉

인간은 구분과 차별을 서슴지 않는다. 자연에 비한다면 한 줌에
불과한 존재이면서도 그 한계를 깨닫지 못하고 편을 가르고 자신만
의 편의를 위해 개발에 매달리기에, 오늘날 각종 자연 재난을 겪고
있다. '만물은 동일한 가치를 지닌다.'는 진리를 무시했기에 자연의
응징을 받고 있는 것이다.

또한 인간은 자연과 구별짓는 데서 그치지 않고 온갖 대립적 사고
를 만들어 낸다. 예를 들면 이것과 저것, 자기와 남, 옳고 그름, 아
름다움과 추함, 크고 작음, 길고 짧음 등등. 그러나 만물이 같은 가치
를 지닌 도의 세계에서는 구별이나 대립은 있을 수 없다.

저것은 이것에서 비롯되고, 이것은 저것에서 비롯된다.

　　　　　　　　　　　　　　　　　　　　　　　　－《장자》〈제물론〉

인간을 포함한 모든 사물은 자기임과 동시에 남이기도 하며, 남임
과 동시에 자기이기도 하다. 이러한 맥락에서 본다면 '자기와 남'뿐만
아니라 '이것과 저것'의 대립 관계도 있을 수 없으며, 모든 사물은 존

재의 근원인 도로써 하나로 통일된다.

천지도 나와 함께 생겼으며, 만물도 나와 더불어 하나를 이룬다.

-《장자》〈제물론〉

제물론이라고도 불리는 만물제동의 사상을 정리해 보면, 대략 두
가지로 나눌 수 있다.

첫 번째는 제물(齊物), 즉 만물은 같다는 것이다. 만물의 근거를 이
루는 것은 오직 도 하나이므로, 형태는 제각각이어도 그 가치는 같다.

두 번째는 사물의 가치가 같기 때문에 사람들이 사물을 구별하고
차별하는 생각을 바꿔야 한다는 것이다. 그러기 위해서는 사물에 대
한 일방적인 생각을 버려야 한다. 나와 상대방이라는 구별조차 하
지 말아야 하며, 상대방에 대한 그 어떤 주관적인 판단도 해서는 안
된다. 모든 사물에 의도와 판단이 개입되지 않아야 개인과 사회, 사
람과 자연의 조화가 이루어질 수 있다고 장자는 우리를 타이른다.

넷. 장자가 꿈꾼 인간상 – 성인, 신인, 지인, 그리고 진인

《장자》에 등장하는 성인(聖人), 신인(神人), 지인(至人), 그리고 진인
(眞人)은 모두 인간이 추구하는 완전한 덕을 갖춘 존재들이다. 따라서

이들에 대한 장자의 생각을 따라가 보면, 장자가 도달하고자 했던 인간상을 짐작할 수 있을 것이다.

성인(聖人)

《장자》에 나오는 성인에 대한 개념은 대략 두 갈래로 해석할 수 있다. 한 가지는 〈거협〉편에서 "성인이란 천하의 예리한 무기다."라고 밝힌 데서 알 수 있듯이, 성인을 '제도와 문물에 밝은 존재'로 보는 견해다. 또 하나는 〈소요유〉나 〈제물론〉에서 말한 것처럼 '완전한 인격을 지닌 사람'으로 보는 견해다.

> 성인은 세속을 좇지 않으며, 이익을 다투지도 않고, 위험을 애써
> 피하지 않는다. 어떤 것도 바라지 않으며 무엇에도 구속되지 않는다.
>
> -《장자》〈제물론〉

이처럼 성인은 세상에 밝고 완전한 인격을 갖추었을 뿐만 아니라 그 내면에는 사랑이 가득 차 있는 존재다. 《장자》에는 성인의 내면을 주로 무심(無心)과 보편적인 사랑으로 표현하고 있다.

신인(神人)

자신을 드러내지 않으면서도 세속의 모범이 되는 존재가 성인이라

면, 세속을 초월해 이상적인 경지에서 노니는 인간상이 바로 신인이다.

"신인은 살갗이 눈처럼 희고 어린아이처럼 부드럽다고 합니다. 곡식 대신 바람과 이슬을 마시며, 구름을 타고 비룡을 부리면서 사해의 밖에서까지 노닌다고도 했습니다. 게다가 그가 기운을 모으면 만물이 건강히 잘 자라고 풍년이 든다고 합니다."

- 《장자》〈소요유〉

위의 글은 견오가 신인의 존재를 설명한 부분인데, 이어지는 연숙의 맞장구에서 신인의 성격이 더욱 분명하게 드러난다.

"내가 알기로는 그 신인은 모든 만물을 자연의 이치에 맞게 바로잡으려고 합니다. 세상은 그가 다스려 주기를 바라고 있으나, 불멸의 존재이며 무한한 능력을 갖춘 그가 무엇 때문에 세상 일로 자신의 심신을 피곤하게 만들겠습니까?"

두 글을 연결지어 생각해 보면 장자가 이상적인 인간으로 소개한 네 가지 가운데 하나인 신인의 의미가 뚜렷해진다. 성인은 본인이 원하지 않아도 세속의 모범으로 자리잡은 존재인데 비해, 신인은 세속을 초월해 자연과 하나가 되어 불멸의 삶을 누리는 존재인 것이다.

지인(至人)

장자의 사상을 연구한 사람들은 대개 지인에 대해 '지덕(至德)이 있는 사람'이라는 해석에 뜻을 모은다. 하지만 지덕에 대한 해석이 다양하기에 지인에 대한 정의도 그만큼 다양하다.

장자의 글을 통해 짐작해 본 지인의 성격은 존귀와 비천, 현명함과 어리석음, 영화와 욕됨과 같은 인간사에서 벗어나 있는 존재라고 볼 수 있다. 다시 말해 지인은 근원적인 세계에 몸담고 있으면서 다른 사람의 존귀함과 자신의 비천함을 인정하되, 다른 사람의 존귀함을 부러워하거나 자신의 비천함을 부끄러워하지 않는다.

지인은 제한되거나 일방적인 관계에 갇히지 않는 자유인이라고 할 수 있다. 소소한 일상들을 초월해 자연의 도에 충실한 존재이면서, 다른 사람들의 말이나 생각에 흔들리지 않는다. 현실에 얽매이지 않으며, 강한 주체성으로 오직 자연의 이치만을 따르는 존재가 바로 지인인 것이다.

진인(眞人)

진인을 해석하는 실마리는 당나라 현종(玄宗)이 장자에게 '남화진인(南華眞人)', 열자에게 '충허진인(沖虛眞人)'이라는 시호를 내렸던 데서 찾을 수 있다. 두 인물의 공통점은 뛰어난 학식과 세상을 보는 밝은 눈을 지녔음에도 벼슬이나 재물에 마음을 두지 않았다는 것이다. 따라서 진인에 대한 정의도 세상을 꿰뚫어 보는 통찰력과 욕심이 없는 존재로 정리된다. 이를 뒷받침할 만한 설명들이 〈대종사〉편에 들어 있다.

> 진인은 절대로 거역하지 않으며, 자신의 공로를 드러내지도 않고, 그 어떤 일에도 의미를 두지 않는다. 또한 때를 놓쳐도 후회하지 않으며, 마음먹은 대로 일이 진행되어도 자만하지 않는다. 그렇기 때문에 권력 앞에서도 당당하며, 물에 들어가도 젖지 않고, 불에 들어가도 뜨거워하지 않는다. 오직 알기에 힘써 도의 경지에 이른다.
>
> ─《장자》〈대종사〉

진인의 풍모에 대해 묘사한 위의 글을 보면 겸손, 용기, 의연함, 온유 등 보통 사람들에게도 친숙한 덕목들이 등장한다. 이 점만 보더라도 우리는 장자가 내세우는 진인이 인간과 동떨어져 구름 위를 노니는 존재가 아니라, 인간이 갖추어야 할 모든 덕목을 갖춘 최고의 인간임을 알 수 있다.

다시 말해 진인은 '자연의 흐름에 순응'하는 사람이다. 대립적인 사고나 고정관념에서 벗어난 존재이며, 빈부 귀천의 조건을 따져 차별하지 않는다. 삶과 죽음에 선을 긋지 않으며, 시작과 끝에 연연하지 않는다. 또한 진인은 독선적 태도를 받아들이지 않으며, 편협한 예의범절에 구속되지 않는다. 이런 점에서 지인과 진인은 상당히 비슷하다고 할 수 있다.

다섯. 노자와 장자 – 생각의 같음과 다름

노자는 공자보다 대략 10년 정도 연장자로, 공자에게 예를 가르친 인물로 알려져 있다(그러나 노자가 실제로 있었던 인물인지는 아직 정확하게 밝혀지지 않았다). 그의 사상을 정리해 펴낸 《도덕경》은 중국 역사상 최초의 철학책으로 평가되고 있다. 또한 장자와 더불어 도가 사상을 세운 사람으로도 잘 알려져 있다.

노자와 장자가 공통적으로 문제삼았던 인간 사회의 가장 큰 문제는 대립과 차별이었다. 이들은 현실에 대한 이러한 문제의식을 바탕으로 무위자연이라는 공통의 해답을 제시했다. 하지만 이와 같은 해답을 사람들에게 깨우쳐 주는 단계에서는 장자가 노자보다 더욱 철저했다. 즉, 노자가 무위로써 사람들이 편리함을 추구하며 만들어 낸 각종 인위적인 제도를 바꾸려 했다면, 장자는 무위를 자기 마음속에 받아들여 인간의 생각과 자세를 근본적으로 바꿔야 한다고 주장했다.

노자는 무위를 설명하면서, "사람에게는 활동이 필요하나, 그것은 자연의 소박함을 바탕으로 해야 한다."라고 말했다. 이 말은 인간과 자연의 차이는 인정하되, 서로의 장점을 조화시킴으로써 평화를 이

룩할 수 있다는 것이다.

이에 비해 장자는 그 어떤 차이도 마음에 두지 않아야 한다고 주장한다. 즉, 장자에게는 사물이란 모두 한 가지이며 구분도 없고, 간섭도 없고, 모든 차이를 잊어버린 상태가 최선이었다.

노자가 무위를 통해 자연성을 회복하려 했다면, 장자는 이에서 한 걸음 더 나아가 무심(無心, 마음을 비움)과 무기(無己, 자기를 잊음)를 통해 자연과 하나 되는 물아일체(物我一體)의 적극적인 자유를 실현하려 했던 것이다.

여섯. 공자와 장자 – 서로 다른 생각들

공자와 장자는 여러모로 대조되는 인물이다. 본문에서 보았듯이 장자가 공자를 비롯한 유가 사상가들의 말과 행동을 비웃는 대목이 여러 차례 나온다. 그래서 두 사람의 생각과 주장을 간단하게나마 비교해 봄으로써 서로의 다른 점을 정리할 필요가 있다.

먼저 세계관을 비교해 본다면, 공자는 현실에 참여하여 자신의 학문과 이상을 적극적으로 실현하고자 한 데 반해, 장자는 인간 중심의 현실을 뛰어넘어 인간도 자연의 일부라는 본래의 입장으로 돌아가 자연과 하나가 되는 절대 자유의 경지로 나아가야 한다고 생각했다.

인생관에 있어서도 공자는 학문을 닦은 뒤 사회에 나아가 공을 세우도록 장려했다면, 장자는 사회적인 활동에 참여하기를 거부하고 자연이 허락한 본성에 충실한 삶을 바람직하게 생각했다.

두 사람의 이렇게 상반된 세계관과 인생관은 사회에 대한 생각에서도 그대로 나타난다. 공자는 도덕성을 바탕으로 한 관료제로써 사회의 안정과 개혁을 추구했고, 장자는 무정부주의에 가깝게 제도와 도덕 자체를 뛰어넘어 자연과 어우러지는 개성과 자유의 실현을 강조했다.

두 사람의 의견 차이는 예술관에서도 드러난다. 먼저 유가 사상은 예술의 현실적 가치나 기능을 중시하는 기능적 실용주의 예술관을 발전시키는 데 이바지했다. 이에 비해 도가 사상은 정감의 표현을 중시하는 심미적 표현주의 예술관을 형성하는 데 기여하였다.

4. 오늘날 장자를 읽으면서 느끼는 것들

장자와 오늘의 우리 사이에는 2천 년이 넘는 까마득한 세월이 밤하늘의 은하수처럼 가로놓여 있다. 그동안 수많은 사상가들이 밤하늘의 별처럼 존재를 뽐내다가 스러져 갔고, 사회와 인간도 엄청난 변화를 겪었다. 그러한 변화 속에서 인간은 점점 자연과 멀어졌고, 자연을 파괴하며 살아왔다. 그 결과는 잘 알다시피 경쟁과 차별에 지친 삶과 자연 재해로 나타나고 있다. 이렇게 인간 사이의 관계가 더욱 삭막해지고, 인간의 삶이 자연에서 멀어질수록 새롭게 빛나는 사상들이 있기 마련이다. 바로 '장자'가 그런 경우다.

오늘 우리는 왜 장자를 읽으며 지친 삶의 위안으로 삼고 있는 것일까?

첫 번째로 그의 사상에는 소외된 삶에 대한 동정과 부패한 자들의 위선적인 행동에 대한 꾸짖음이 담겨 있기 때문이다. 장자의 위선자들에 대한 비판은 매우 직설적이어서 통쾌함이 느껴진다.

장자는 "허리띠 장식을 훔치는 자는 사형을 당하고 나라를 훔치는 자는 제후가 되어 인의를 말하니, 참으로 부당하다."라고 했다. 속임수에 뛰어난 자들이 지혜를 앞세워 순수하고 어진 백성을 속이는 일이야말로 자연의 뜻을 거스르는 가장 추악한 행동임을 지적한 말이다.

두 번째로는 그가 말하는 내용이 우주와 자연 전체에 걸쳐 있기 때문이다. 《장자》에는 붕과 곤같이 상상만 해도 엄청나게 느껴지는 새와 물고기들도 나오고, 도와 관련해서는 창조론과 우주론까지도 포괄하고 있다. 그는 우주가 유한성을 지닌 안과 무한한 성질을 지닌 밖으로 나뉘어져 있지만, 안과 밖은 유기적으로 통일되어 있다는 새로운 우주론을 제시했다.

장자의 이러한 우주관은 당시 유행했던 신비주의적인 우주관을 단번에 뒤엎을 수 있는 획기적인 사고였다. 더 나아가 장자는 우주의 본질을 다음과 같이 제시했다.

"천지에 하나의 기운이 흘러 다닌다. 천하를 꿰뚫는 것은 하나의 기일 뿐이다."

세 번째는 삶의 질을 소박함에서 찾는 태도를 꾸준하게 보여 주기 때문이다. 장자는 시종일관 "개성과 재능을 마음껏 발휘하기 위해서는 자연으로 돌아가야 한다."라고 말하면서, 항상 가난과 더불어 살면서도 그 가난에 구속 받지 않았다. 그는 수단을 가리지 않고 부를 누리거나 권세를 가지려는 삶의 자세를 비판했다. 사람들이 평등한 상태에서 서로 돕고, 이익을 함께 나누며 모두가 화합하는 평화로운 삶을 원했던 것이다.

마지막으로는 문체의 탁월함을 들 수 있다. 장자의 문장은 정돈된 느낌을 주지는 않는다. 그러나 정돈된 문장이란 대체로 어떤 형식에 따르는 글쓰기인 탓에 장자에게 이를 기대하는 것은 적절치 못하다. 장자의 문장에는 자유분방한 상상력이 녹아 있고, 날카로운 현실 감각이 들어 있다. 또한 그의 문장에는 풍부한 정서와 시적 운율이 녹아 있다. 그렇기 때문에 우언을 주로 사용하는 장자의 문학적 표현은 후대의 사상과 예술에 좋은 본보기가 되었다. 사마천도 그를 평가하면서 "문장이 뛰어나다."라고 했을 정도다.

이렇듯이 《장자》는 오늘날에 와서야 더 많은 사람들에게 읽히며,

과거 유학이 지배하던 시절보다도 훨씬 높이 평가받고 있다. 그 이유는 장자가 주는 메시지가 복잡한 사회 구조에 갇힌 현대인들의 가슴에 더욱 와 닿기 때문이다. 자연으로 돌아가서 자유롭게 살아야 한다는 그의 주장들은 그런 이유에서 앞으로 더욱 가치를 인정받을 것이다.